suhrkamp taschenbuch
wissenschaft 1274

Michel Foucault führte dieses Gespräch Ende 1978, bald nach dem Erscheinen von *Der Wille zum Wissen*. Wie ein roter Faden zieht sich durch diese Unterredungen der Begriff der »Erfahrung« und ihre Bedeutung für das Individuum. Eine Erfahrung ist etwas, in der das Subjekt nicht dasselbe bleibt, aus der es als ein anderes hervorgeht. In der Offenheit für Erfahrungen entsteht ein anderes Verständnis des Subjekts – eines Subjekts, das den Verlust seiner Identität in »Grenzerfahrungen« geradezu sucht.

Als ein solches Subjekt auf der Suche nach identitätsverändernden Erfahrungen präsentiert Foucault in diesem Gespräch sich selbst. Jedes Buch, jeder Ortswechsel, jedes politische Engagement war für ihn ein neues Experiment, nach dessen Abschluß ihm die eigene Biographie in einem anderen Licht erschien. Mit nachträglichen Reinterpretationen seiner früheren Veröffentlichungen hat Foucault seine Leser schon in vielen Interviews überrascht; das vorliegende Gespräch zeigt, welche »existentielle« Bedeutung solche Selbstumdeutungen für Foucault besaßen.

Foucault berichtet über das intellektuelle Klima im Frankreich der fünfziger Jahre, über sein Verhältnis zu Hegelianismus, Phänomenologie und Marxismus, über die prägenden Einflüsse Blanchots, Batailles, Klossowskis und vor allem Nietzsches, über seine kurze Mitgliedschaft in der Kommunistischen Partei, über sein Verhältnis zum Algerienkrieg und sein Engagement in der Studentenrevolte – in Tunis, März 1968! –, über die »Strukturalismus«-Diskussion der sechziger Jahre, ihre zahlreichen Mißverständnisse und die verborgenen Gründe für den polemischen Ton, in dem sie geführt wurde, über seine Rezeption der Frankfurter Schule und die Entstehung seiner Konzeption der Macht.

# Michel Foucault
# Der Mensch ist ein Erfahrungstier

Gespräch mit Ducio Trombadori
Übersetzt von Horst Brühmann

Mit einem Vorwort von
Wilhelm Schmid

Mit einer Bibliographie von
Andrea Hemminger

Suhrkamp

Das Gespräch erschien zuerst unter dem Titel
»Conversazione con Michel Foucault«
in: *Il Contributo*, 4. Jg., Heft 1, Januar-März 1980, S. 23-84.
Hier übersetzt nach der französischen Druckfassung in:
Michel Foucault, *Dits et écrits*,
hg. von Daniel Defert und François Ewald,
Bd. 4, Paris: Gallimard 1994, S. 41-95.
© 1994 Gallimard, Paris.

Die Deutsche Bibliothek – CIP-Einheitsaufnahme
*Foucault, Michel* :
Der Mensch ist ein Erfahrungstier :
Gespräch mit Ducio Trombadori /
Michel Foucault. Übers. von Horst Brühmann. –
Mit e. Vorw. von Wilhelm Schmid. –
Mit e. Bibliogr. von Andrea Hemminger.
2. Aufl. – Frankfurt am Main : Suhrkamp, 1997
(Suhrkamp-Taschenbuch Wissenschaft ; 1274)
ISBN 3-518-28874-1
NE: GT

suhrkamp taschenbuch wissenschaft 1274
Erste Auflage 1996
© dieser Ausgabe:
Suhrkamp Verlag Frankfurt am Main 1996
Suhrkamp Taschenbuch Verlag
Alle Rechte vorbehalten, insbesondere das
des öffentlichen Vortrags, der Übertragung
durch Rundfunk und Fernsehen
sowie die Übersetzung, auch einzelner Teile.
Druck: Wagner GmbH, Nördlingen
Printed in Germany
Umschlag nach Entwürfen von
Willy Fleckhaus und Rolf Staudt

2 3 4 5 6 – 01 00 99 98 97

# Inhalt

Wilhelm Schmid
Wer war Michel Foucault?
6

Michel Foucault
Gespräch mit
Ducio Trombadori
23

Andrea Hemminger
Bibliographie der deutsch-
sprachigen Publikationen
Michel Foucaults
123

# Wilhelm Schmid
# Wer war Michel Foucault?

Diese Frage konnte zu Lebzeiten seinen Unwillen erregen: »Man frage mich nicht, wer ich bin, und man sage mir nicht, ich solle der gleiche bleiben: das ist eine Moral des Personenstandes; sie beherrscht unsere Papiere.« So eröffnete Foucault 1969 sein Buch über die *Archäologie des Wissens*, und noch 1980, als er von der Tageszeitung *Le Monde* zu einem Gespräch gebeten wurde, bestand er strikt auf Anonymität. Das Gespräch erschien schließlich unter der Überschrift »Der maskierte Philosoph« ohne den Namen Foucaults.

Was war der Grund dafür? Foucault bemühte sich, gegenüber seinem Werk in den Hintergrund zu treten, um alle Aufmerksamkeit auf dieses Werk zu lenken. Er wollte nicht, daß man seine Schriften zur Hand nahm oder, umgekehrt, aus der Hand legte, nur weil sein Name darüber stand. Was er wollte, war, eine bestimmte Arbeit zu leisten und dieser Arbeit auch Gehör zu verschaffen. Darf man sich also nicht für »ihn selbst«, für seine Existenz interessieren? Das wäre ein Fehlschluß, denn zweifellos liegen die Erfahrungen dieser Existenz der Entwicklung des Denkens bei Foucault zugrunde.

In seinen letzten Jahren, als er im Umfeld seiner Arbeiten über die Antike selbst die philosophische Existenz wiederentdeckte, zeigte er sich auch in zunehmenden Maße bereit, Fragen nach seiner eigenen Existenz zu beantworten – am ausführlichsten in dem

1980 in Italien veröffentlichten und hier ins Deutsche übersetzten Gespräch mit Ducio Trombadori, aus dem ein eigenes Buch wurde: *Colloqui con Foucault*. Wie ein roter Faden zieht sich durch dieses Gespräch der Begriff der »Erfahrung«, und es ist die Rede von ihrer Bedeutung für ein Individuum. Die Erfahrung ist es, die Foucault von irgendwelchen anthropologischen Bestimmungen des »Menschen« abhält und ihn doch zu dieser Bestimmung verleitet: *Der Mensch ist ein Erfahrungstier*.

Auch hier zeigt sich Foucault geradezu besessen von dem Gedanken, daß ein Mensch nicht »identisch« mit sich sein, sondern ein anderer werden solle. In der Offenheit für Erfahrungen entsteht ein anderes Verständnis vom Subjekt als das des immer sich gleichbleibenden Subjekts der »Identität«, denn Erfahrungen sind es, aus denen das Subjekt immer wieder als ein anderes hervorgeht. In der Erfahrung (*expérience*), bei der im Französischen der Begriff des »Experiments« mitklingt, findet Foucault auch jenen Ansatzpunkt für die Veränderung von Strukturen, nach dem er lange gesucht hatte.

In diesem »Erfahrungsbuch« spricht er nun ausführlich von seinen eigenen Erfahrungen und welche Bedeutung sie für sein Denken hatten. Einige persönliche, aber auch historische Hintergründe werden dabei deutlich, von denen man nichts wußte, wenn man nur seine Bücher kannte; einige Zusammenhänge kommen ans Licht, die man allenfalls vermutet hatte. Es ist eine aufschlußreiche und spannende autobiographische Erzählung, die Foucault da bietet.

Was aber sein Denkens betrifft, das in so engem Zu-

sammenhang mit den Erfahrungen der Existenz zu sehen ist, so lassen sich insgesamt vier Schwerpunkte voneinander unterscheiden, die in gewisser Weise zeitlich aufeinanderfolgen und sich doch nicht einfach nur ablösen, sondern aufeinander bezogen sind und die vier Eckpunkte des Denkens von Foucault darstellen:
1. Die Auseinandersetzung mit Psychologie, Psychiatrie und Medizin.
2. Die Erarbeitung einer »Archäologie« und Diskurstheorie als Verfahrensweise, bei der man, wie Foucault einmal sagt, »den Raum untersucht, in dem sich das Denken entfaltet, sowie die Voraussetzungen dieses Denkens, die Art und Weise seiner Entstehung«.
3. Die Analyse der Machtbeziehungen.
4. Die Zuwendung zu Fragen der Ethik und der Lebenskunst.

Aussagen etwa zur Psychiatrie findet man auch in den letzten Jahren Foucaults, umgekehrt ist der Begriff der »Ethik« schon in seinen ersten Arbeiten zu finden; insofern gibt es nicht den »frühen« oder »späten« Foucault. Zudem wird seine ganze Arbeit im Grunde von einer einzigen Frage durchzogen: der Frage nach dem Subjekt; und von einer Methode: der Geschichte des Denkens, das für Foucault nicht das »reine Denken« ist, sondern jenes Denken, das eine Praxis reflektiert, die aus irgendwelchen Gründen fragwürdig wird.

Paul Michel Foucault, so sein voller Name, wurde am 15. Oktober 1926 in Poitiers als Sohn eines Chirurgen geboren; auch die Mutter stammte aus dem Haus eines Chirurgen. Frankreich war von den Deutschen okkupiert, als er das Abitur absolvierte. Auf diese Erfahrung des Faschismus, die für das Grundanliegen seines Denkens prägend wurde, wies er später hin. In den Jahren, die er dann als Student an der Ecole Normale Supérieure in Paris verbrachte, ließ er seine bürgerlich-konservative und katholische Herkunft hinter sich und interessierte sich besonders für Psychologie. Darüber hinaus ist den damaligen Studienfreunden noch sein »sehr lebhafter Geschmack für alle Künste« in Erinnerung. An den Wänden seines Zimmers hingen Stiche von Goya, und er gewann die Freundschaft eines jungen Musikers, seines zukünftigen Kollegen am Collège de France: Pierre Boulez. Mit Roland Barthes – auch er sollte ans Collège de France berufen werden – zog er gelegentlich nachts durch die Bars im Pariser Viertel Saint-Germain.

Nachdem er sich bei Louis Althusser auf die Prüfung vorbereitet hatte, absolvierte er das Examen in Philosophie, machte einen Abschluß auch in Psychologie und legte eine Magisterarbeit über Hegel vor. Kurz darauf wurde er Assistent für Psychologie an der Universität von Lille. Er selbst sprach davon, daß »eine Art Konversion« sich in ihm zwischen den Jahren 1950 und 1955 vollzogen habe. Im Zuge einer intensiven Beschäftigung mit den Schriften Nietzsches (und auch Heideggers) wandte er sich von der idealistischen Philosophie Hegels ab: »Was den tatsächlichen Einfluß Nietzsches auf mich betrifft«, bekannte er später, »so fällt es mir schwer, ihn zu präzisieren, eben weil ich mir darüber im klaren bin, daß er sehr tiefgehend war. Ich kann nur sagen, daß ich ideologisch ›Historizist‹ und Hegelianer gewesen bin, solange ich Nietzsche nicht gelesen hatte.«

Foucaults Ansatz ist zunächst jedoch die Auseinandersetzung mit Psychologie und Psychopathologie. In einem Buch über den Stand der wissenschaftlichen Forschung in Frankreich, das einen Beitrag von ihm über die Psychologie enthält, wird er als »Psychologe« vorgestellt – ein Beruf, der 1953 erst offiziell anerkannt worden war. Aber mit welchen Vorbehalten gegenüber dem Feld seiner Forschung: »Arme Seele (die Psychologien, die unschlüssig sind über ihre Begriffe, wissen sie kaum beim Namen zu nennen), umzingelt von Techniken, durchwühlt von Fragen, auf Karteikarten erfaßt, übersetzt in Kurven.« 1954 publiziert er als seine erste eigene Arbeit *Psychologie und Geisteskrankheit* – eine Schrift, die ursprünglich etwas anders hieß, deren Neuauflage Foucault jedoch untersagte: Kritik der eigenen Anfänge in der Psychologie. Was er darin attackiert, ist die Festlegung des Menschen in bestimmten Kategorien, deren relative Beliebigkeit niemandem mehr recht bewußt ist. In welcher Hinsicht kann beispielsweise in der Psychopathologie überhaupt von »Krankheit« gesprochen werden? Foucault setzt die Frage ganz anders an und befragt die anthropologischen Fundamente, denen der unbestimmte Begriff der Krankheit nur entstammen kann. Die als »Essenz« verstandene Krankheit stellt er in Frage, wie dies auch schon sein Lehrer Georges Canguilhem in seiner Arbeit über *Das Normale und das Pathologische* von 1943 getan hatte.

Aus der Anfrage, die an ihn schließlich gestellt wurde, eine Geschichte der Psychiatrie zu schreiben, resultierte die Arbeit über die Geschichte des Wahnsinns, die ihn mit einem Mal berühmt machte. Mit der Welt der

Psychiatrie war er von Jean Delay vertraut gemacht worden, und Foucault arbeitete Anfang der fünfziger Jahre zwei Jahre lang als Psychologe am psychiatrischen Krankenhaus Sainte-Anne in Paris, wo Jean Delay praktizierte. Aus dieser Erfahrung ging sein Entschluß hervor, die Geschichte des Wahnsinns zu schreiben, um zu zeigen, wie sehr die Sicherheit des Urteils über den Wahnsinn von dem Begriff abhängig ist, den man sich davon gemacht hat, und daß dieser Begriff höchst wandelbar ist – was nicht damit identisch ist, daß es keinen Wahnsinn gibt.

Foucault schrieb diese Arbeit nicht in Paris. Enttäuscht vom Frankreich Charles de Gaulles, ergriff er die Gelegenheit, als Lektor an die Universität von Uppsala in Schweden zu gehen. Er gab Kurse über französische Literatur und arbeitete an seinem großen Werk. Auch während seiner Zeit in Warschau in ähnlicher Funktion setzte er seine Arbeit fort und tippte mit solcher Energie an seinem Manuskript, daß die polnische Polizei ihn der Abfassung eines Spionageberichts verdächtigte. Zugleich nahm er hier die Übersetzung von Kants *Anthropologie in pragmatischer Hinsicht* ins Französische in Angriff und schrieb eine 128seitige Einleitung dazu, die zusammen mit der Arbeit über den Wahnsinn seine Dissertation bildete. Als Direktor des Institut français in Hamburg schloß er seine Arbeit ab. Als er das Ergebnis, die *Geschichte des Wahnsinns* als eine Archäologie des Zeitalters der Vernunft 1961 vorlegte, stieß er auf einigen Widerspruch, unter anderem von seiten der französischen Gesellschaft für Psychoanalyse. Das gespannte Verhältnis zu Psychoanalytikern sollte eine Konstante seiner Laufbahn bleiben.

Nach einer Tätigkeit als Maître de conférences in Clermont-Ferrand und einer Einladung an die Universität von São Paulo 1965 zog es Foucault nach Tunis, um erneut zur französischen Politik auf Distanz zu gehen und sich in den Blick auf die eigene Kultur von außen einzuüben, gleichsam wie ein Ethnologe, der eine exotische Gesellschaft betrachtet. 1963 hatte er inzwischen zwei weitere Bücher veröffentlicht. Zum einen *Die Geburt der Klinik*, eine, wie er sie nennt, »Archäologie des ärztlichen Blicks«, in der er versucht, den Status medizinischer Rationalität besser zu begreifen. Wie in allen seinen Büchern, die eine Geschichte schreiben, wählt Foucault einen begrenzten Zeitraum für die Analyse, hier, wie zumeist, das achtzehnte Jahrhundert und die Wende vom achtzehnten zum neuntehnten Jahrhundert, und er legt eine bestimmte Anzahl von Texten zugrunde, die für das Untersuchungsgebiet in Frage kommen: Zeitgenössische Aussagen über den Stand des Wissens und über die Ausübung von Praktiken, denen er die Form der Rationalität einer Zeit entnimmt. Die Neuorganisation des Spitalwesens in dieser Zeit, die systematischen Untersuchungen von Leichnamen bringen einen neuen ärztlichen Blick und ein neues Verständnis von Krankheit hervor. Denn es geht nicht mehr so sehr um den Kranken, sondern um die Krankheit, die gleichsam als ein objektiver Sachverhalt sich in einem beliebigen Körper verbirgt, der geöffnet werden kann und der Symptome aufweist, die die verborgene Krankheit verraten. Man kann dies am toten Körper studieren und am lebendigen Körper wiederfinden: Die Körper sind austauschbar.

Die Tatsache, daß in einer bestimmten Zeit einiges

gesehen werden kann und anderes nicht, verweist auf die Form der Rationalität einer Zeit, so daß es keinen Sinn hat, von *der* Rationalität zu sprechen und *die* Vernunft einzuklagen, sondern die Frage immer sein muß, von *welcher* Rationalität und *welcher* Vernunft denn die Rede ist. Das andere Buch, das 1963 veröffentlicht wird, ist das Buch über den französischen Literaten *Raymond Roussel*, geprägt von einer immensen poetischen Schönheit, aber ebenso schwer zu lesen. Foucault ist fasziniert von der Sprache Roussels, die es ermöglicht, Dinge zu sagen, die uns unerhört erscheinen, und Kategorien zu bilden, die unser herkömmliches Schema, die Dinge zu verstehen, völlig durcheinanderbringen. Das Verhältnis der Wörter und der Dinge steht in Frage: Die Wörter, die die Dinge bezeichnen, und die bezeichneten Dinge, die sich ihrer Bezeichnung immer wieder entziehen. Diese Erfahrung der Sprache steht im Hintergrund der folgenden Arbeiten Foucaults, und er macht diese Erfahrung in der Auseinandersetzung mit der Literatur. Manche der Aufsätze, die er hierzu im Laufe der sechziger Jahre schreibt, findet man in den vier Sammelbänden »Gespräche und Schriften« (*Dits et Ecrits*), die 1994 in Paris erschienen sind. Mit diesen Aufsätzen verlagert sich der erste Schwerpunkt der Arbeit Foucaults – die Auseinandersetzung mit Psychologie, Psychiatrie und Medizin –, zum zweiten Schwerpunkt: der Erarbeitung einer Archäologie und Diskurstheorie. Auf diesen Begriff der *Verlagerung des Schwerpunkts* kommt es an: Denn Foucault läßt seine vorherige Thematik keineswegs außer acht, ganz im Gegenteil: Er bezieht dazu, wie gesagt, auch noch in seinen letzten Jahren Stellung.

1966 erscheint das kapitale Werk über »Die Wörter und die Dinge« (so der französische Titel, der gewählt werden mußte, weil der eigentliche Titel *Die Ordnung der Dinge* im Französischen urheberrechtlich nicht mehr frei war). Mit diesem Buch, das noch im selben Jahr in einer Auflage von 20 000 über den Ladentisch ging – unerhört für das Buch eines Philosophen –, wurde Foucault dem sogenannten »Strukturalismus« zugerechnet. Darunter ist eine Bewegung des Denkens zu verstehen, deren Geschichte geschrieben wird, seit der Begriff das Licht der Welt erblickte, aber ohne daß sich die Protagonisten selbst der Bewegung zurechnen lassen wollen. Man kann dennoch zwei Momente hervorheben, welche die Arbeit all dieser sogenannten Strukturalisten charakterisieren:

1. In methodischer Hinsicht geht es ihnen darum, einen Gegenstand der Forschung, einen Bereich des Wissens nicht auf Inhalte, sondern auf formale Strukturen hin zu befragen, um die funktionalen Verhältnisse, Beziehungen und Zusammenhänge zwischen den einzelnen Elementen zu analysieren.
2. In politischer Hinsicht stand dahinter durchaus die Absicht, das herrschende Denken des Marxismus zu untergraben. Behandelte der Marxismus die ökonomischen Strukturen als zentral und unhintergehbar für das menschliche Dasein, verantwortlich für die Entfremdung des Menschen wie für deren Aufhebung, erwies die Arbeit der Strukturalisten die Beschränktheit und Relativität dieses Standpunkts. Das dürfte dazu beigetragen haben, daß die französischen Intellektuellen in den siebziger Jahren in Scharen dem Marxismus davonliefen. 1966, als Foucaults

Buch erschien, war der Strukturalismus von Foucault, Roland Barthes, Jacques Lacan, Claude Lévi-Strauss und vielen anderen bereits zur Mode geworden. Sartre hatte gut wettern, einer wie Foucault sei das letzte Bollwerk der Bourgeoisie – Foucaults lachte nur: Arme Bourgeoisie, wenn ich ihr letztes Bollwerk bin. Die marxistischen Schemata blieben noch einige Jahre in Gebrauch, um sich dann als überholt zu erweisen. Währenddessen, so heißt es, erklärten sogar die Fußballtrainer, daß sie ihre Mannschaften auf strukturalistische Weise neu organisierten.

*Die Ordnung der Dinge* (ein Begriff, den man bei Kant häufig findet), ist wiederum eine historische Arbeit, wiederum vor allem der Zeit des achtzehnten Jahrhunderts und der Wende vom achtzehnten zum neunzehnten Jahrhundert gewidmet, nun jedoch nicht mehr auf konkrete Praktiken und Institutionen wie die Psychiatrie und die Klinik bezogen, sondern allgemein auf die Wissensform jener Zeit, und zwar das Wissen von »Arbeit«, »Leben« und »Sprache«. Foucault beschreibt die Veränderungen der Wissensform von der Zeit der Renaisssance zum Klassischen Zeitalter, vom Klassischen Zeitalter zur Schwelle der Moderne, und das heißt für ihn: zu Kant. Während Kant die transzendentale Wissensform einführt, das heißt ein Wissen, das jede mögliche Erfahrung des Menschen *a priori* glaubt festlegen zu können, stellt Foucault dem die serielle Wissensform entgegen: Auch die transzendentale Wissensform ist da nur ein Moment in einer Serie von Wissensformen, ein bestimmter Zeitabschnitt in der Geschichte des Denkens, die grundsätzlich offen ist für Erfahrungen, die einer bestimmten Zeit als unmöglich erscheinen. Für Foucault gibt es nur ein *historisches Apriori*.

*Die Ordnung der Dinge* (*Les mots et les choses*) ist ein einziger Sturmlauf gegen die Festlegung des Menschen in bestimmten transzendentalen Grenzen. Es ist jenes Buch, in dem Foucault den »Tod des Menschen« postuliert, eine Äußerung, die so viel böses Blut gemacht hat wie Nietzsches »Tod Gottes«, aber genauso mißverstanden wurde. Der Tod des Menschen richtet sich gegen diese Festlegung des Menschen für alle Zeit, und es ist damit gemeint, daß der Mensch in den Strukturen, die er selbst geschaffen hat und die in der Moderne allgegenwärtig geworden sind, untergeht. Die Formel von Tod des Menschen will den Menschen wieder öffnen für das Andere, für die mögliche Erfahrung, die der Rationalität einer bestimmten Zeit so sicher entgeht, wie sie der Rationalität einer anderen Zeit angehört. Im übrigen hat Foucault in späteren Jahren etwas Distanz zu dieser dramatischen Rede vom Tod des Menschen gewonnen: Das sei zu apokalyptisch gewesen, sagt er 1979 in einem Gespräch mit John Searle; von diesem apokalyptischen Denken habe er sich wieder gelöst.

Seit diesem Buch aber stand Foucault im Mittelpunkt der öffentlichen Aufmerksamkeit, unentwegt in den Zeitungsspalten und vor den Fernsehkameras präsent; eine öffentliche philosophische Existenz. Wenig Anteil hatte er dagegen an den politischen Wogen, die zu dieser Zeit hochschlugen und ihren Kulminationspunkt im Pariser Mai 1968 erreichten. 1969 erschien das eingangs schon genannte Buch über die *Archäologie des Wissens*, vielleicht sein zentrales Werk, das nie zureichend rezipiert worden ist. Neben erkenntnistheoretischen Erörterungen legte er in dieser umfangreichen Abhandlung Rechenschaft ab über seine »archäologische« Methode, Geschichte zu schreiben, das heißt über seine Art der Entzifferung einer Geschichte anhand von Diskursen und der historischen Beschreibung einer diskursiven Formation. Archäologie, das meint, unter einer Oberfläche nach Strukturen zu fragen, die die Phänomene und die Diskurse erst hervortreiben. Das Handwerkszeug für eine Unzahl von Arbeiten, die ausgehend von Foucault geschieben worden sind, findet man hier. Als mögliche Nutzanwendung seiner neuentwickelten Methode nannte Foucault eine »archäologische Beschreibung der Sexualität«. Dieses Vorhaben begann er in die Tat umzusetzen mit dem Buch *Der Wille zum Wissen*, dem ersten Band einer Geschichte der Sexualität, der 1976 erscheinen sollte. Diese Arbeit gehört jedoch bereits dem dritten Schwerpunkt zu, der die Analyse von Machtbeziehungen zum Gegenstand hat.

Am 2. Dezember 1970 hatte Foucault seine berühmt gewordene Inauguralvorlesung am Collège de France absolviert: *Die Ordnung des Diskurses*, in der sich die Verlagerung des Schwerpunkts vollzog. In einer Kandidatur um den Lehrstuhl für die »Geschichte der Denksysteme« hatte er sich gegen Paul Ricœur durchgesetzt. In seiner Rede entwarf er sein künftiges Arbeitsprogramm: nämlich die Wirkungsweisen der Macht zu analysieren und sie noch in den unscheinbarsten Phänomenen aufzuspüren. Einer seiner Zuhörer beschrieb seinen Auftritt so: Buddhistisch im Stil, mit mephistophelischem Blick und von unwiderstehlicher Ironie. Neben der intensiven Lehr- und Forschungstätigkeit engagierte er sich, ungewöhnlich genug für einen Philosophen, in einer Gefangenenhilfsorganisation, oder besser, er war einer ihrer Begründer. Er, der den »Tod des Menschen« erklärt hatte, erwies sich als ein Kämpfer für Humanität.

1975 fand das praktische Engagement auch theoretischen Niederschlag in dem Buch *Überwachen und Strafen*, in dem er nun seine Analyse von bestimmten Praktiken und Institutionen wieder aufgriff und die »Geburt des Gefängnisses« historisch in den Blick nahm. Der Untersuchungszeitraum ist der nun schon bekannte, die Thematik aber insofern eine andere, als es nun darum ging, das Funktionieren von Machtbeziehungen aufzuzeigen, denen die Subjekte unterliegen, und zwar nicht nur diejenigen innerhalb der Gefängnisse, sondern auch diejenigen der Gesellschaft außerhalb. Denn die Disziplinierungstechniken, die im Strafvollzug erprobt wurden, fanden sich strukturgleich auch in den Fabriken wieder, vor allem was die Techniken der Überwachung angeht. Das ging einher mit der Ausbildung eines bestimmten Wissens vom Menschen, das jene Normen erarbeitete, denen die Subjekte dann anzugleichen waren, um reibungslos zu funktionieren. Die Beschreibung dieser Strukturen war so bezwingend, daß für viele die Frage auftauchte, ob es denn hieraus überhaupt ein Entrinnen gab. Beschrieb Foucault nicht die Totalität und Omnipräsenz einer Macht, der wir hoffnungslos unterlegen waren? Foucault hat diese Interpretation zurückgewiesen und sagte, er habe dieses Buch einzig und allein geschrieben, um zu zeigen, daß bestimmte Institutionen und Machtstrukturen historissch aus diesen und jenen Gründen zu dem geworden sind, was sie sind, und daß das Wissen darüber dazu dienen könne, sie zu verändern. Worum es ihm ging, war ausschließlich dieses Element der möglichen Veränderung. Das wird sehr deutlich in den gesammelten »Gesprächen und Schriften« von 1994. Denn in seinen Büchern verliert Foucault meist kein Wort über den aktuellen Bezug seiner Arbeit; es sind Untersuchungen abgegrenzter Bereiche in der Geschichte – die aber das Rüstzeug dafür hergeben, eine bestimmte Situation in der Gegenwart besser zu verstehen und in sie einzugreifen. In den »Gesprächen und Schriften« zieht Foucault immer die Verbindung zur Gegenwart und bezieht Stellung zu den konkreten Problemen, von denen seine Arbeiten ausgingen.

Die wichtigsten Ausführungen zur Analyse der Machtbeziehungen finden sich in dem Buch, das 1976 unmittelbar auf *Überwachen und Strafen* folgt, nämlich in *Der Wille zum Wissen*. Foucault unterscheidet nun auch zwischen *Machtbeziehungen* und *Herrschaftsverhältnissen*. Erstere sind umkehrbar, letztere sind starr. Es geht für ihn nicht darum, Macht generell »abzuschaffen«, sondern darum, Herrschaftsverhältnisse zu verhindern, und zwar dadurch, daß das Spiel der Machtbeziehungen aufrechterhalten wird, daß es durchschaut und für umkehrbar gehalten wird. Ein ganzes Spiel der Macht befaßt sich beispielsweise mit der »Sexualität«, und Foucault interessiert sich besonders für die Beziehung zur Wahrheit, die damit einhergeht: Das »Geständnis« der Wahrheit scheint entscheidend zu sein für die moderne Sexualität; eine Wahrheit, die tief im Inneren der Subjekte zu finden ist und mit ihrer Sexualität liiert ist. *Der Wille zum Wissen* ist der erste Band einer Reihe, die im Französischen »Geschichte der Sexualität« heißt, im Deutschen auf Foucaults Wunsch *Sexualität und Wahrheit*, und die er zunächst fortsetzen wollte, indem er den Umgang mit der Sexualität der Kinder, der Frau, der Perversen historisch thematisieren wollte.

Daraus wurde nichts. Er habe sich mit diesem Projekt gelangweilt, sagte Foucault. Er behielt die Thematik bei, suchte jedoch nach einer Erfahrung, die nicht die der modernen Sexualität war. Er fand sie in der Kultur der Antike, für die es um Erotik, nicht aber um Sexualität ging. Zugleich entdeckte er hier das historische Reflexionsfeld für ein Problem, das ihn seit seinen Machtanalysen beschäftigte: Wie kann das Subjekt, das doch bestimmten Machtstrukturen unterliegt, diesen entkommen und sich selbst konstituieren? Der Weg, der zu diesen Überlegungen führte, war lang und mühevoll. Foucault vollzog damit die Verlagerung vom dritten Schwerpunkt, der Analyse von Machtbeziehungen, zum vierten Schwerpunkt, der Zuwendung zu Fragen der Ethik und der Lebenskunst. Nach acht Jahren erschienen 1984 die beiden Bände *Der Gebrauch der Lüste* und *Die Sorge um sich* als Fortsetzung des Projekts *Sexualität und Wahrheit*, dessen vierter und letzter Band, *Die Geständnisse des Fleisches*, sich im Nachlaß befindet (er thematisiert den Übergang von der antiken zur christlichen Zeit). In diesen Arbeiten über die Antike findet sich das historische Konzept einer Ethik, die nicht auf Normen beruht, sondern auf dem Wert der individuellen Haltung. Wiederum ist klar zu unterscheiden: Diese Arbeiten über einen historischen Gegenstandsbereich bieten keinen Entwurf für die Gegenwart. Aber in den »Gesprächen und Schriften« wird sehr deutlich, daß einige Aspekte für eine Neubegründung der Ethik fruchtbar gemacht werden könnten.

Diese Ethik, wie Foucault sie vorstellt, erscheint unter dem Begriff der Lebenskunst oder auch dem einer »Ästhetik der Existenz«. Sie ist liiert mit der Form, die das Individuum sich selbst und seinem Leben gibt, mit der Wahl, die es für sich selbst trifft, um nicht der Norm und der Konvention unterworfen zu sein. Sie bewahrt das Potential der Kritik und erarbeitet zugleich die Möglichkeiten des Andersseins, des Andersdenkens. Das hat nicht nur eine induelle, sondern eine gesellschaftliche Bedeutung, da, wie Foucault 1983 sagt, »eine Gesellschaft nur von der Arbeit leben kann, die sie an sich selbst und ihren Institutionen verrichtet«. Diese Arbeit ist immer die Sache von Individuen; Institutionen arbeiten nicht. Es geht dabei um Techniken der Existenz, wie sie in der antiken Philosophie einstmals im Mittelpunkt standen. Man kann darin zu Recht die Aufnahme einer Thematik sehen, die der ebenfalls ans Collège de France berufene Pierre Hadot schon lange traktierte. Dessen Buch über »geistige Übungen in der Antike« war für Foucault entscheidend.[1]

In seinen letzten Jahre hielt er auch Vorlesungen in Berkeley in Kalifornien, wo man ihn feierte wie einen Rockstar. Zweifellos war er eine Art Primadonna und hat diesen Part auch gespielt, um ihn dann wieder zu verwerfen. Er zog sich schließlich in die Einsamkeit zurück. Die Anzeichen einer schweren Erkrankung waren unübersehbar: Foucault hatte Aids, und er ahnte

---

1 Pierre Hadot, *Philosophie als Lebensform*, Berlin 1991.

seinen Tod, davon zeugen einige Bemerkungen in den »Gesprächen und Schriften«. Als der Arzt ihm eröffnete, was ihn erwartete, fragte er nur zurück: »Wie lange?« Er wollte noch arbeiten. Und auch die Sehnsucht danach, sich in keiner Identität einzuschließen, blieb bis zuletzt wach – wie sonst wäre eine merkwürdige Begebenheit zu erklären, die sich nicht lange vor seinem Tod abspielte? Wie um sich in alle Winde zu zerstreuen, noch bevor er zu Asche wurde, hatte Foucault seiner Sekretärin zuletzt aufgetragen, bei allen Einladungen rund um die Welt, die er bekommen hatte, zuzusagen. Die Termine überschnitten sich heillos. »Was soll's«, sagte er; sein Traum war nun einmal die Zersplitterung der Identität. Foucault starb am 25. Juni 1984.

# Michel Foucault
# Gespräch mit Ducio Trombadori

Ducio Trombadori: *Das Interesse, das die Ergebnisse Ihres Denkens vor allem in den letzten Jahren gefunden haben, ließe sich meiner Ansicht nach folgendermaßen erklären. Es dürfte kaum jemanden geben, der nicht bereit wäre – in welcher Sprache, aus welcher ideologischen Perspektive auch immer –, die fortschreitende und irritierende Zersetzung der Verbindungen zwischen den Wörtern und den Dingen in der heutigen Welt anzuerkennen. So rechtfertigt sich auch die thematische Orientierung unserer Erörterungen; sie zielen darauf, den Weg besser zu verstehen, den Sie bei Ihren Reflexionen und Forschungen durchlaufen haben, die Verschiebungen der Analysefelder, die Gewinnung neuer theoretischer Gewißheiten. Von der explorativen Suche nach einer ursprünglichen Erfahrung in* Wahnsinn und Gesellschaft *bis zu den jüngsten Thesen in* Der Wille zum Wissen *hat es den Anschein, daß Sie sprunghaft, nämlich über Verschiebungen der Forschungsebenen, vorgehen. Wenn ich eine Bilanz ziehen wollte, die zeigt, was das Wesentliche und Durchgängige ihres Denkens ist, so könnte ich Sie zunächst fragen, was Sie – im Lichte der jüngsten Untersuchungen über die Macht und den Willen zum Wissen – in Ihren früheren Büchern für überholt halten.*

*Michel Foucault*: Vieles ist gewiß überholt. Mir ist durchaus bewußt, daß ich sowohl im Verhältnis zu den

Dingen, für die ich mich interessiere, als auch zu dem, was ich bisher gedacht habe, meine Position verschiebe. Ich denke niemals völlig das gleiche, weil meine Bücher für mich Erfahrungen sind, Erfahrungen im vollsten Sinne, den man diesem Ausdruck beilegen kann. Eine Erfahrung ist etwas, aus dem man verändert hervorgeht. Wenn ich ein Buch schreiben sollte, um das mitzuteilen, was ich schon gedacht habe, ehe ich es zu schreiben begann, hätte ich niemals die Courage, es in Angriff zu nehmen. Ich schreibe nur, weil ich noch nicht genau weiß, was ich von dem halten soll, was mich so sehr beschäftigt. So daß das Buch ebenso mich verändert wie das, was ich denke. Jedes Buch verändert das, was ich gedacht habe, als ich das vorhergehende Buch abschloß. Ich bin ein Experimentator und kein Theoretiker. Als Theoretiker bezeichne ich jemanden, der ein allgemeines System errichtet, sei es ein deduktives oder ein analytisches, und es immer in der gleichen Weise auf unterschiedliche Bereiche anwendet. Das ist nicht mein Fall. Ich bin ein Experimentator in dem Sinne, daß ich schreibe, um mich selbst zu verändern und nicht mehr dasselbe zu denken wie zuvor.

*Die Idee einer Arbeit als Erfahrung sollte immerhin einen methodologischen Bezugspunkt nahelegen oder wenigstens die Möglichkeit bieten, dem Verhältnis zwischen den verwendeten Mitteln und den erzielten Forschungsergebnissen methodologische Hinweise zu entnehmen.*

Wenn ich ein Buch beginne, weiß ich nicht nur nicht, was ich bei seiner Vollendung denken werde; mir ist nicht einmal sonderlich klar, welche Methode ich verwenden werde. Jedes meiner Bücher ist eine Weise, einen Gegenstand zu konturieren und eine Methode zu seiner Analyse zu erfinden. Ist meine Arbeit beendet, so kann ich – gewissermaßen im Rückblick – aus der soeben gemachten Erfahrung eine methodologische Reflexion entwickeln, welche die Methode herausarbeitet, der das Buch hätte folgen sollen. So daß ich nahezu abwechselnd Bücher schreibe, die ich als explorative und als methodologische bezeichnen würde. Explorationen: *Wahnsinn und Gesellschaft*, *Die Geburt der Klinik* und so weiter. Methodologische Bücher: *Archäologie des Wissens*. Schließlich habe ich Sachen wie *Überwachen und Strafen* und *Der Wille zum Wissen* geschrieben.

Methodologische Überlegungen stelle ich auch in Artikeln und Interviews an. Das sind dann eher Reflexionen über ein fertiges Buch, die mir helfen sollen, eine andere mögliche Arbeit einzugrenzen. Es sind sozusagen Baugerüste, die als Übergang dienen zwischen einer Arbeit, die ich gerade abgeschlossen habe, und einer weiteren. Das ist keine allgemeine Methode, die für andere ebenso wie für mich definitiv gültig wäre. Was ich geschrieben habe, sind keine Rezepte, weder für mich noch für sonst jemand. Es sind bestenfalls Werkzeuge – und Träume.

*Was Sie sagen, bestätigt den exzentrischen Aspekt Ihrer Position und erklärt in gewissem Sinne die Schwierigkeiten, auf welche Kritiker, Kommentatoren und Exegeten stoßen, wenn sie versuchen, Ihre Position zu systematisieren oder Ihnen im Rahmen des gegenwärtigen philosophischen Denkens einen Ort zuzuweisen.*

Ich betrachte mich nicht als Philosoph. Weder betreibe ich eine bestimmte Art Philosophie, noch möchte ich andere davon abhalten, Philosophie zu betreiben. Die bedeutendsten Einflüsse, die – ich will nicht sagen: mich geprägt haben, sondern die es mir erlaubten, mich von meiner universitären Prägung zu befreien, gingen – abgesehen natürlich von einer Reihe persönlicher Erfahrungen – von Leuten wie Bataille, Nietzsche, Blanchot, Klossowski aus, die alle keine Philosophen im institutionellen Verständnis waren. Was mich an ihnen am meisten frappiert und fasziniert hat und ihnen diese zentrale Bedeutung für mich gegeben hat, war eben, daß ihr Problem nicht darin bestand, ein System zu konstruieren, sondern eine persönliche Erfahrung zu machen. An der Universität dagegen bin ich zur Aneignung jener großen philosophischen Maschinerien angeleitet, ausgebildet, hingedrängt worden, die da heißen: Hegelianismus, Phänomenologie ...

*Sie sprechen von der Phänomenologie, aber das gesamte phänomenologische Denken beruht auf dem Problem der Erfahrung und stützt sich auf sie, um seinen eigenen theoretischen Horizont zu bezeichnen. In welchem Sinne unterscheiden Sie sich also davon?*

Die Erfahrung des Phänomenologen ist im Grunde eine bestimmte Weise, einen reflektierenden Blick auf einen beliebigen Gegenstand des Erlebens, auf das Alltägliche in seiner vergänglichen Gestalt zu richten, um dessen Bedeutungen zu erfassen. Für Nietzsche, Bataille, Blanchot dagegen bestand Erfahrung in dem Versuch, an einen bestimmten Punkt des Lebens zu ge. langen, der dem Nicht-Lebbaren so nahe wie möglich kommt. Gefordert wird das Äußerste an Intensität und zugleich an Unmöglichkeit. Die phänomenologische Arbeit liegt vielmehr darin, das gesamte Feld von Möglichkeiten zu entfalten, die mit der alltäglichen Erfahrung verbunden sind.

Darüber hinaus bemüht sich die Phänomenologie, die Bedeutung der alltäglichen Erfahrung zu erfassen, um herauszufinden, inwiefern das Subjekt, das ich bin, in seinen transzendentalen Funktionen tatsächlich grundlegend ist für diese Erfahrung und diese Bedeutungen. Dagegen dient die Erfahrung bei Nietzsche, Blanchot, Bataille dazu, das Subjekt von sich selbst loszureißen, derart, daß es nicht mehr es selbst ist oder daß es zu seiner Vernichtung oder zu seiner Auflösung getrieben wird. Ein solches Unternehmen ist das einer Ent-Subjektivierung.

Die Idee einer Grenzerfahrung, die das Subjekt von sich selbst losreißt – genau das war es, was bei meiner Lektüre Nietzsches, Batailles, Blanchots für mich wichtig war, und genau diese Idee hat mich dazu gebracht, meine Bücher – wie langweilig, wie gelehrt sie auch sein mögen – stets als unmittelbare Erfahrungen zu verstehen, die darauf zielen, mich von mir selbst loszureißen, mich daran zu hindern, derselbe zu sein.

*Arbeit als Erfahrung in permanenter Entwicklung; äußerste Relativität der Methode; Spannung der Subjektivierung: das sind, wenn ich Sie recht begriffen habe, die drei wesentlichen Aspekte Ihrer Denkhaltung. Wenn man von diesem Ensemble ausgeht, stellt sich jedoch die Frage, welche Glaubwürdigkeit die Ergebnisse einer Forschung beanspruchen können und welches letztlich das Wahrheitskriterium ist, das aus gewissen Prämissen Ihrer Denkweise folgt.*

Das Problem der Wahrheit dessen, was ich sage, ist für mich ein sehr schwieriges, ja sogar das zentrale Problem. Auf diese Frage habe ich bisher niemals geantwortet. Gleichzeitig benutze ich jedoch ganz klassische Methoden: die Beweisführung oder zumindest das, was in historischen Zusammenhängen als Beweis gelten darf – Verweise auf Texte, Quellen, Autoritäten und die Herstellung von Bezügen zwischen Ideen und Tatsachen; Schemata, die ein Verständnis ermöglichen, oder Erklärungstypen. Nichts davon ist originell. Insoweit kann alles, was ich in meinen Büchern sage, verifiziert oder widerlegt werden, nicht anders als bei jedem anderen historischen Buch.

Trotzdem sagen die Leute, die mich lesen, und besonders diejenigen, die von meiner Arbeit etwas halten, oft lächelnd: »Im Grunde weißt du genau, daß alles, was du sagst, nur Fiktion ist.« Ich antworte stets: »Natürlich; daß es etwas anderes wäre, davon kann gar keine Rede sein.«

Wenn ich zum Beispiel die Geschichte der psychiatrischen Institutionen in Europa zwischen dem siebzehnten und neunzehnten Jahrhundert hätte schreiben wollen, hätte ich natürlich kein Buch wie *Wahnsinn und Gesellschaft* schreiben dürfen. Meine Problem bestand jedoch nicht darin, die professionellen Historiker zufriedenzustellen. Mein Problem bestand darin, selbst eine Erfahrung zu machen und die anderen aufzufordern, vermittelt über einen bestimmten historischen Inhalt an dieser Erfahrung teilzunehmen: nämlich an der Erfahrung dessen, was wir sind und was nicht nur unsere Vergangenheit, sondern auch unsere Gegenwart ausmacht; an einer Erfahrung unserer Modernität, derart, daß wir verwandelt daraus hervorgehen. Das bedeutet, daß wir am Ende des Buches zu dem, um das es geht, in neue Beziehungen treten können: daß ich, der ich das Buch geschrieben habe, und diejenigen, die es gelesen haben, zum Wahnsinn, zu seinem heutigen Status und zu seiner Geschichte in der modernen Welt ein neues Verhältnis einnehmen können.

*Die Wirksamkeit Ihres Diskurses entfaltet sich im Gleichgewicht zwischen seiner Beweiskraft und seiner Fähigkeit, auf eine Erfahrung zu verweisen, die zu einem Wandel der kulturellen Horizonte führt, innerhalb deren wir unsere Gegenwart beurteilen und erleben. Ich habe aber noch nicht verstanden, in welchem Verhältnis dieser Prozeß Ihrer Ansicht nach mit dem steht, was wir oben »Wahrheitskriterium« genannt haben. Das heißt, inwiefern stehen die Veränderungen, von denen Sie gesprochen haben, in einem Verhältnis zur Wahrheit? Inwiefern erzeugen sie Wahrheitseffekte?*

Zwischen den Dingen, die ich geschrieben habe, und den Wirkungen, die sie hervorgerufen haben, besteht ein einzigartiges Verhältnis. Nehmen Sie das Schicksal von *Wahnsinn und Gesellschaft*: Das Buch wurde sehr gut aufgenommen von Leuten wie Maurice Blanchot, Roland Barthes und so weiter; von den Psychiatern wurde es anfangs mit etwas Neugier und einer gewissen Sympathie rezipiert, von den Historikern, für die es nicht interessant war, dagegen vollständig ignoriert. Dann allerdings erreichte die Feindseligkeit der Psychiater ziemlich rasch einen Punkt, an dem das Buch als

Angriff auf die heutige Psychiatrie und als antipsychiatrisches Manifest verstanden wurde. Nun war das ganz gewiß nicht meine Absicht, aus wenigstens zwei Gründen: Als ich das Buch schrieb, 1958 in Polen, gab es in Europa noch keine Antipsychiatrie; und um einen Angriff auf die Psychiatrie handelte es sich schon ganz einfach deshalb nicht, weil es bei Ereignissen endet, die im frühen neunzehnten Jahrhundert liegen – das Werk Esquirols wird gerade noch angeschnitten, aber nicht vollständig analysiert. Trotzdem wurde dieses Buch in der Öffentlichkeit immer nur als Angriff auf die heutige Psychiatrie wahrgenommen. Warum? Weil das Buch für mich – und für diejenigen, die es gelesen und benutzt haben – eine Veränderung unseres (historischen, theoretischen, aber auch moralischen und ethischen) Verhältnisses zum Wahnsinn, zu den Irren, zur psychiatrischen Institution und sogar zur Wahrheit des psychiatrischen Diskurses bedeutete. Es ist also ein Buch, das dem, der es schreibt, ebenso wie dem, der es liest, als eine Erfahrung dient, viel eher denn als Feststellung einer historischen Wahrheit. Damit man, vermittelt über dieses Buch, eine solche Erfahrung machen kann, muß das, was darin gesagt wird, natürlich im Sinne akademischer Wahrheit wahr sein, das heißt historisch verifizierbar. Genau das kann ein Roman nicht. Trotzdem liegt das Wesentliche nicht in der Serie solcher wahren oder historisch verifizierbaren Feststellungen, sondern eher in der Erfahrung, die das Buch zu machen gestattet. Nun ist diese Erfahrung jedoch weder wahr noch falsch. Eine Erfahrung ist immer eine Fiktion, etwas Selbstfabriziertes, das es vorher nicht gab und das es dann plötzlich gibt. Darin liegt das schwierige Verhältnis zur Wahrheit, die Weise, in der sie in eine Erfahrung eingeschlossen ist, die mit ihr nicht verbunden ist und sie bis zu einem gewissen Punkt zerstört.

*Ist dieses schwierige Verhältnis zur Wahrheit eine Konstante, die Ihre Forschung begleitet und die man auch in der Serie Ihrer Werke nach* Wahnsinn und Gesellschaft *wiedererkennen kann?*

Das gleiche ließe sich von *Überwachen und Strafen* behaupten. Die Untersuchung endet ungefähr mit dem Jahr 1830. Trotzdem haben auch in diesem Falle die Leser, die kritischen wie die zustimmenden, das Buch als Beschreibung der gegenwärtigen Gesellschaft als Gesellschaft der Einschließung aufgefaßt. Ich habe das nirgendwo gesagt, auch wenn es richtig ist, daß das Schreiben dieses Buches mit einer gewissen Erfahrung unserer Moderne zusammenhing. Das Buch stützt sich auf wahre Dokumente, aber so, daß es, über sie vermittelt, möglich wird, nicht nur Wahrheiten festzustellen, sondern zu einer Erfahrung zu gelangen, die eine Veränderung erlaubt, einen Wandel in unserem Verhältnis zu uns selbst und zur Welt dort, wo wir bisher keine Probleme sahen (mit einem Wort, in unserem Verhältnis zu unserem Wissen).

So kann dieses Spiel zwischen Wahrheit und Fiktion – oder, wenn Sie möchten, zwischen Feststellung und Fabrikation – deutlich sichtbar machen, was uns – manchmal völlig unbewußt – mit unserer Modernität verbindet, und sie uns gleichzeitig verändert erscheinen lassen. Die Erfahrung, die es uns gestattet, bestimmte Mechanismen zu verstehen (zum Beispiel die Gefängnishaft, die Strafe usw.), und die Weise, in der wir fähig werden, uns von ihnen zu lösen, indem wir sie mit anderen Augen wahrnehmen, sind nur die beiden Seiten derselben Medaille. Dies ist in der Tat das Herz meines Unternehmens. Welche Konsequenzen hat das – oder vielmehr welche Implikationen? Die erste besteht darin, daß ich mich auf keinen gleichbleibenden und systematischen theoretischen Hintergrund stütze; die zweite lautet, daß es kein Buch gibt, das ich nicht, wenigstens zum Teil, aus einer unmittelbaren persönlichen Erfahrung heraus geschrieben hätte. Ich habe ein kompliziertes persönliches Verhältnis zum Wahnsinn und zur psychiatrischen Institution gehabt. Ich habe zur Krankheit und auch zum Tod ein gewisses Verhältnis gehabt. Ich habe über die *Geburt der Klinik* und die Einführung des Todes in das medizinische Wissen zu einem Zeitpunkt geschrieben, zu dem diese Dinge für mich eine gewisse Bedeutung hatten. Dasselbe gilt, aus anderen Gründen, für das Gefängnis und die Sexualität.

Dritte Implikation: Es handelt sich keinesfalls darum, persönliche Erfahrungen ins Wissen zu übertragen. Das Verhältnis zur Erfahrung muß im Buch eine Transformation gestatten, eine Metamorphose, die nicht einfach meine ist, sondern die einen gewissen Wert, gewisse Eigenheiten hat, die anderen zugänglich sind, so daß diese Erfahrung auch von anderen gemacht werden kann.

Viertens schließlich muß diese Erfahrung bis zu einem gewissen Grade mit einer kollektiven Praxis, mit einer Denkweise verknüpft sein. Das war beispielsweise bei einer Bewegung wie der Antipsychiatrie oder der Gefangenenbewegung in Frankreich der Fall.

*Wenn Sie, wie Sie sagen, den Weg zu einer »Transformation« andeuten oder eröffnen, die an eine »kollektive Praxis« anzuknüpfen vermag, so bemerke ich bereits die Umrisse eine Methodologie oder einer bestimmten Art von Lehre. Glauben Sie nicht auch? Und wenn ja, scheinen Sie damit nicht in Widerspruch zu einer Forderung zu geraten, die Sie schon genannt haben, nämlich: den präskriptiven Diskurs zu meiden?*

Ich lehne das Wort »Lehre« ab. Lehren enthielte ein systematisches Buch, das einer verallgemeinerbaren Methode folgen oder den Beweis einer Theorie liefern würde. Meine Bücher haben diesen Wert gerade nicht. Es sind eher Einladungen, öffentliche Gesten.

*Aber muß sich eine kollektive Praxis nicht auf Werte, auf Kriterien, auf Verhaltensweisen beziehen, welche die individuelle Erfahrung überschreiten?*

Eine Erfahrung ist etwas, was man ganz allein macht und dennoch nur in dem Maße uneingeschränkt machen kann, wie sie sich der reinen Subjektivität entzieht und andere diese Erfahrung – ich will nicht sagen: exakt übernehmen, aber sie doch kennenlernen und nachvollziehen können. Kehren wir für einen Augenblick zu dem Buch über die Gefängnisse zurück. In gewissem Sinne ist es ein rein historisches Buch. Geliebt oder gehaßt haben es die Leute aber, weil sie den Eindruck gewonnen hatten, es gehe darin um sie selbst oder um unsere jetzige, gegenwärtige Welt oder um ihre Beziehungen zur heutigen Welt in den Formen, in denen diese von allen akzeptiert wird. Man hatte das Gefühl, daß etwas Aktuelles in Frage gestellt worden war. Und in der Tat habe ich dieses Buch erst zu schreiben begonnen, nachdem ich mehrere Jahre lang an Arbeits-, Diskussions- und Kampfgruppen gegen die Strafinstitutionen teilgenommen hatte. Eine komplizierte, schwierige Arbeit, die zusammen mit den Gefangenen, den Familien, dem Aufsichtspersonal, mit Richtern, Staatsanwälten und so weiter unternommen wurde.

Als das Buch herauskam, haben verschiedene Leser – besonders Aufsichtsbeamte, Sozialarbeiter und so weiter – dieses sonderbare Urteil abgegeben: »Es ist lähmend; es mag ja richtige Beobachtungen enthalten, aber es hat gewiß auch Grenzen, weil es uns blockiert, weil es uns daran hindert, in unserer Tätigkeit wie bisher weiterzumachen.« Ich antworte, daß genau diese Reaktion beweist, daß die Arbeit erfolgreich war, daß sie so funktioniert hat, wie ich es vorhatte. Man liest das Buch demnach als eine verändernde Erfahrung, die es einem verwehrt, derselbe zu bleiben wie bisher oder zu den Dingen, zu den anderen, das gleiche Verhältnis zu unterhalten wie vor der Lektüre. Das zeigt, daß sich in dem Buch eine Erfahrung ausdrückt, die über die meinige weit hinaus geht. Es hat nichts weiter getan, als sich in etwas einzuschreiben, das in Wirklichkeit schon in Gang war; sagen wir vielleicht: in die Veränderung des heutigen Menschen gegenüber der Vorstellung, die er von sich selbst hat. Andererseits hat dieses Buch an jener Veränderung mitgearbeitet. Es hat sie, ein Stückchen weit, vorangetrieben. Genau das bezeichnet für mich ein Erfahrungs-Buch im Gegensatz zu einem Wahrheits-Buch oder einem Beweis-Buch.

*An dieser Stelle unserer Analyse würde ich gern eine Bemerkung machen. Sie sprechen von sich und Ihrer*

*Forschung, als ob diese fast unabhängig von dem historischen – und vor allem geistigen – Zusammenhang stattgefunden hätte, in dem sie entstanden ist. Sie haben Nietzsche, Bataille, Blanchot erwähnt: wie haben Sie sie entdeckt? Was war damals, in der Zeit Ihrer Ausbildung, ein Intellektueller in Frankreich, und welche theoretische Debatte stand im Vordergrund? Wie kamen Sie allmählich zu den wichtigsten Entscheidungen und Orientierungen Ihres Denkens?*

Nietzsche, Blanchot und Bataille sind die Autoren, die es mir erlaubt haben, mich von denen zu lösen, unter deren Zeichen meine Universitätsausbildung zu Beginn der fünfziger Jahre stand: von Hegel und der Phänomenologie. Philosophie treiben hieß damals, wie übrigens heute auch, vor allem Geschichte der Philosophie treiben; und der Gang dieser Geschichte war, auf der einen Seite begrenzt durch die Systeme der Hegelschen Theorie und auf der anderen durch die Philosophie des Subjekts, geprägt von den Gestalten der Phänomenologie und des Existentialismus. Letztlich dominierte Hegel. Für Frankreich handelte es sich in gewisser Weise, nach den Arbeiten Jean Wahls und den Vorlesungen Hyppolites, um eine Neuentdeckung. Es war ein stark phänomenologisch und existentialistisch geprägter Hegelianismus, in dessen Mittelpunkt das Thema des unglücklichen Bewußtseins stand. Und das war im Grunde alles, was die französische Universität zum Verständnis der gegenwärtigen Welt im weitesten Sinne anzubieten hatte, kaum daß die Tragödie des Zweiten Weltkriegs und die großen vorangegangenen Umwälzungen – die Russische Revolution, der Nazismus usw. – vorüber waren. Soweit sich der Hegelianismus als die Weise darstellen konnte, das Tragische rational zu denken, das die Generation unmittelbar vor uns erlebt hatte und das außerhalb der Universität immer noch drohte, war Sartre mit seiner Philosophie des Subjekts Mode. Im Schnittpunkt von universitärer philosophischer Tradition und Phänomenologie entwickelte Merleau-Ponty den existentiellen Diskurs in einem speziell Bereich, dem der Erkennbarkeit der Welt, des Realen. Das war das intellektuelle Panorama, in dem meine Entscheidungen heranreiften: die Entscheidung, kein Historiker der Philosophie zu werden wie meine Professoren, sondern nach etwas ganz anderem zu suchen, das vom Existentialismus völlig verschieden wäre: das war die Lektüre Batailles, Blanchots und, über sie vermittelt, Nietzsches. Was stellten sie für mich dar? Zunächst eine Einladung, die Kategorie des Subjekts in Frage zu stellen, seine Suprematie, seine fundierende Rolle. Dann die Überzeugung, daß eine solche Operation keinen Sinn hätte, wenn sie auf Spekulationen beschränkt bliebe; das Subjekt in Frage stellen bedeutete, eine Erfahrung zu machen, die zu seiner realen Zerstörung, seiner Auflösung, seinem Zerbersten, seiner Verkehrung in etwas anderes führen würde.

*War eine solche Orientierung einzig von der Kritik am herrschenden philosophischen Klima bedingt, oder entsprang sie darüber hinaus einem Räsonnement über Aspekte der französischen Realität, wie sie sich am Ende des Krieges darstellte? Ich denke an die Beziehungen zwischen Politik und Kultur und an die Weise, in der die neuen Generationen von Intellektuellen die Politik erlebten und interpretierten.*

Für mich war die Politik Gelegenheit, eine Erfahrung à la Nietzsche oder à la Bataille zu machen. Für jemanden, der am Ende des Zweiten Weltkriegs zwanzig Jahre alt war und der sich von der Moral des Krieges nicht hatte mitreißen lassen – was konnte so jemandem die Politik bedeuten, wenn es darum ging, zwischen dem Amerika Trumans und der Sowjetunion Stalins zu wählen? Zwischen der alten SFIO und den christlichen Demokraten? Der Gedanke, in einer solchen Welt ein bürgerlicher Intellektueller zu werden, Professor, Journalist, Schriftsteller oder was sonst, erschien unerträglich. Die Erfahrung des Krieges hatte uns die Notwendigkeit und die Dringlichkeit einer Gesellschaft bewiesen, die radikal verschieden wäre von jener, in der wir lebten. Diese Gesellschaft, die den Nazismus zugelassen hatte, die vor ihm im Staub gelegen hatte und dann mit fliegenden Fahnen zu de Gaulle übergelaufen war. Gegenüber all dem empfand ein großer Teil der französischen Jugend tiefe Abscheu. Die Welt und die Gesellschaft, die uns vorschwebte, wäre nicht nur eine andere gewesen, sondern eine, in der auch wir andere gewesen wären; wir wollten völlig andere sein in einer völlig anderen Welt. So konnte uns der Hegelianismus, der uns an der Universität angeboten wurde, mit seinem Modell durchgängiger Intelligibilität der Geschichte nicht mehr genügen; und ebensowenig Phänomenologie und Existentialismus, die am Primat des Subjekts und seinem grundlegenden Wert festhielten. Während umgekehrt das Nietzschesche Thema der Diskontinuität, eines Übermenschen, der im Verhältnis zum Menschen ein ganz anderer wäre, und dann bei Bataille das Thema der Grenzerfahrungen, in denen das

Subjekt sich selbst überschreitet, an den Grenzen seiner eigenen Unmöglichkeit sich selbst als Subjekt auflöst, ganz wesentliche Bedeutung hatten. Das war für mich eine Art Ausweg zwischen dem Hegelianismus und der philosophischen Identität des Subjekts.

*Sie haben von dem »tragischen Erlebnis« des Zweiten Weltkriegs gesprochen und von der Unmöglichkeit, mit den spekulativen Schemata der philosophischen Tradition davon Rechenschaft zu geben. Warum aber soll sich dieses Unvermögen auch auf die Reflexionen Jean-Paul Sartres erstrecken? Verkörperte er als Repräsentant des Existentialismus vor allem in Frankreich nicht ebenfalls eine Abwendung von der theoretischen Tradition, einen Versuch, die Stellung des Intellektuellen zu seiner Zeit erneut in Frage zu stellen?*

In einer Philosophie wie derjenigen Sartres gibt das Subjekt der Welt Sinn. Dieser Punkt wurde nicht in Frage gestellt. Das Subjekt schreibt seine Bedeutungen zu. Die Frage lautete: Kann man sagen, daß das Subjekt die einzige mögliche Existenzform ist? Kann es nicht auch Erfahrungen geben, in deren Verlauf das Subjekt nicht mehr gegeben wäre in seinen konstitutiven Funktionen, in dem, was es an Identischem-mit-sich hat? Gäbe es nicht also Erfahrungen, in denen das Subjekt sich auflösen, das Verhältnis zu sich zerbrechen, seine Identität verlieren könnte? Bestand nicht genau darin Nietzsches Erfahrung mit der ewigen Wiederkehr?

*Wer außer den schon genannten Autoren beschäftigte sich denn damals kommentierend oder reflektierend mit den Werken Nietzsches?*

Nietzsche habe ich außerhalb der Universität entdeckt. Da ihn die Nazis benutzt hatten, war er vom akademischen Unterricht vollständig ausgeschlossen. Dagegen war eine kontinuistische Lesart des philosophischen Denkens sehr in Mode, eine geschichtsphilosophische Haltung, die in gewisser Weise Hegelianismus und Existentialismus miteinander verknüpfte. Und offen gesagt, auch die marxistische Kultur teilte diese Geschichtsphilosophie.

*Sie erwähnen erst jetzt den Marxismus und die marxistische Kultur, als ob sie die große Abwesende gewesen wäre. Aber mir scheint, das kann man nicht sagen.*
Über die marxistische Kultur möchte ich erst später sprechen. Im Moment möchte ich auf eine eher kuriose Tatsache aufmerksam machen. Das Interesse an Nietzsche und Bataille bedeutete für uns keine Distanzierung vom Marxismus oder Kommunismus. Es war vielmehr der einzige Zugang zu dem, was wir vom Kommunismus erwarteten. Die Ablehnung der Welt, in der wir lebten, fand gewiß keine Erfüllung in der hegelianischen Philosophie. Wir waren auf der Suche nach anderen Möglichkeiten, uns zu jenem ganz anderen zu verhalten, das wir im Kommunismus verkörpert sahen. Das war der Grund, warum ich mich 1950 – ohne große Marx-Kenntnisse, aus Ablehnung des Hegelianismus und aus einem Gefühl des Unbehagens am Existentialismus – der französischen kommunistischen Partei anschließen konnte. Ein »nietzscheanischer Kommunist« sein, das war natürlich nicht praktikabel und, wenn Sie so wollen, lächerlich. Ich wußte das wohl.

*Sie haben sich der KPF angeschlossen; Sie sind nach einem eigentümlichen intellektuellen Weg bei der kommunistischen Partei angelangt. Inwieweit hatte diese Erfahrung Einfluß auf Sie und auf die Entwicklungen Ihrer theoretischen Forschung? Welche Erfahrung haben Sie als kommunistischer Aktivist gemacht? Wie sind Sie zu der Entscheidung gelangt, die Partei zu verlassen?*

In Frankreich ist die Durchlaufgeschwindigkeit der jungen Leute durch die kommunistische Partei sehr hoch. Viele sind eingetreten und viele haben sie verlassen, ohne daß mit einem solchen Schritt jeweils ein definitiver Bruch verbunden gewesen wäre. Ich habe sie nach dem berühmten Komplott der Ärzte gegen Stalin im Winter 1952 verlassen, und zwar unter dem Eindruck eines anhaltenden Unbehagens. Kurz bevor Stalin starb, verbreitete sich die Kunde, daß eine Gruppe jüdischer Ärzte ihm nach dem Leben getrachtet habe. André Wurmser hielt eine Versammlung unserer studentischen Zelle ab, um uns zu erklären, wie diese Verschwörung abgelaufen sei. Obwohl wir nicht überzeugt waren, bemühten wir uns, daran zu glauben.

Auch das gehört zu jener verhängnisvollen Art und Weise, zur Existenzweise von Parteimitgliedern: Die Tatsache, etwas vertreten zu müssen, das in diametralem Widerspruch zu dem steht, was man für plausibel hält, war ein Teil jenes Exerzitiums der Ich-Auflösung und der Suche nach dem ganz anderen. Stalin stirbt. Drei Monate später erfährt man, daß es nie ein Komplott der Ärzte gab. Wir schrieben an Wurmser und baten ihn, uns zu erklären, wie es sich damit nun verhielt. Wir bekamen keine Antwort. Sie werden mir sagen: übliche Praxis, nebensächlicher Vorfall ... trotzdem, das war der Moment, in dem ich die KPF verließ.

*Ich betrachte die Episode, die Sie mir da erzählen, in erster Linie als Darstellung eines Szenarios der Vergangenheit, einer Tragik, die durchaus auch ihre Entstehungsbedingungen hatte: kalter Krieg, Nervosität des Stalinismus, ein bestimmtes Verhältnis zwischen Ideologie und Politik, zwischen Partei und Aktivisten. In vergleichbaren oder sogar noch schlimmeren Situationen wären andere trotzdem nicht den Weg gegangen, der von der Partei wegführt, sondern den Weg des Kampfes und der Kritik. Ich glaube nicht, daß Ihre Lösung die beste war.*

Ich weiß wohl, daß ich allen Kommunisten Argumente liefere, mich als ausgesprochen schlechten Kommunisten zu tadeln, als einen mit ganz schlechten und falschen Motiven, als einen dreckigen Kleinbürger. Aber ich sage diese Dinge, weil sie wahr sind und weil ich sicher bin, daß ich nicht der einzige war, der in dieser Situation war, der aus schlechten Motiven dorthin gegangen ist, mit diesem etwas lächerlichen Bedürfnis nach Bekehrung, Askese und Selbstauspeitschung, das – in Frankreich auch heute noch – bei der Teilnahme vieler Studenten an der Tätigkeit der kommunistischen Partei eine wichtige Rolle spielt. Ich habe Intellektuelle gesehen, die in der Zeit der Tito-Affäre die Partei verlassen haben. Aber ich kenne andere, die genau zu diesem Zeitpunkt und genau aus diesem Grunde, gerade weil sich die Dinge so abgespielt haben, in die Partei eingetreten sind. Gewissermaßen sogar um denen zu antworten, die ihre Mitgliedskarte aus Enttäuschung zurückgegeben hatten.

*Nachdem diese kurze Erfahrung in der kommunistischen Partei zu Ende war, haben Sie nicht mehr an politischen Aktivitäten teilgenommen?*

Nein, ich habe mein Studium abgeschlossen. Damals traf ich mich oft mit Louis Althusser, der in der KPF aktiv war. Übrigens bin ich ein wenig unter seinem Einfluß eingetreten. Und als ich die Partei verlassen hatte, gab es von seiner Seite aus keinen Bannfluch; er wollte seine Beziehungen zu mir darum nicht abbrechen.

*Ihre Verbindungen oder zumindest eine gewisse intellektuelle Verwandtschaft mit Althusser reichen weiter zurück, als man gewöhnlich annimmt. Ich möchte vor allem die Tatsache erwähnen, daß in den Polemiken um den Strukturalismus, die im Frankreich der sechziger Jahre die Bühne der theoretischen Auseinandersetzung beherrschten, Ihr Name wiederholt mit dem Althussers verknüpft wurde. Althusser war Marxist; Sie waren keiner; Lévi-Strauss und andere ebensowenig; die Kritik hat Sie alle als »Strukturalisten« mehr oder weniger in einen Topf geworfen. Wie erklären Sie sich das? Und welches war der gemeinsame Boden Ihrer Forschungen, wenn es denn einen gab?*

Es gibt einen gemeinsamen Punkt zwischen all denen, die in den letzten fünfzehn Jahren als »Strukturalisten« bezeichnet worden sind und – mit Ausnahme von Lévi-Strauss – trotzdem keine waren, nämlich Althusser, Lacan und ich. Worin lag der eigentliche Konvergenzpunkt? In einem gewissen Nachdruck, die Frage des

Subjekts neu und anders zu stellen, sich von dem Grundpostulat zu befreien, das die französische Philosophie – seit Descartes und verstärkt durch die Phänomenologie – niemals aufgegeben hatte. Aus psychoanalytischer Perspektive hatte Lacan die Tatsache ins Licht gerückt, daß die Theorie des Unbewußten nicht mit einer Theorie des Subjekts (im cartesianischen, aber auch im phänomenologischen Sinne) vereinbar ist. Sartre und Politzer hatten die Psychoanalyse abgelehnt, eben weil sie die Theorie des Unbewußten kritisierten, eben weil sie diese Theorie für unvereinbar mit der Philosophie des Subjekts hielten. Lacan zog dagegen den Schluß, daß man gerade deshalb die Philosophie des Subjekts aufgeben und von einer Analyse der Mechanismen des Unbewußten ausgehen müsse. Lévi-Strauss stützte sich auf andere Quellen, um die Philosophie des Subjekts in Frage zu stellen; ihm dienten die Linguistik und die Analysen, die man an der Sprache vornehmen kann, als rationaler Ausgangspunkt, und das war ein ganz anderer als die – sagen wir: literarische oder spirituelle – Erfahrung eines Blanchot oder Bataille. Althusser hat die Subjektphilosophie in Frage gestellt, weil der französische Marxismus von etwas Phänomenologie und etwas Humanismus geprägt war und weil die Theorie der Entfremdung aus dem menschlichen Subjekt die theoretische Basis machte, die imstande war, die politisch-ökonomischen Analysen von Marx in eine philosophische Terminologie zu übersetzen. Die Arbeit Althussers bestand darin, die Analysen von Marx wiederaufzunehmen und sich zu fragen, ob in ihnen diese Konzeption der menschlichen Natur, des Subjekts, des entfremdeten Menschen zum Ausdruck kommt, auf der die theoretischen Positionen bestimmter Marxisten beruhten, etwa die Roger Garaudys. Wie man weiß, fiel seine Antwort völlig negativ aus.

All das nannte man »Strukturalismus«. Doch der Strukturalismus oder die strukturale Methode dienten allenfalls als Ausgangspunkt oder als Bestätigung für etwas viel Radikaleres: die Infragestellung der Theorie des Subjekts.

*Sie lehnen es ab, sich als Strukturalist definieren zu lassen, und halten diese Etikettierung für unangemessen. Statt dessen nehmen Sie lieber Bezug auf das Thema der »Dezentrierung des Subjekts« und verweisen dabei vor allem auf die Idee der Grenzerfahrungen, deren Abkunft sich von Nietzsche bis Georges Bataille verfolgen läßt. Und trotzdem ist nicht zu leugnen, daß ein großer Teil Ihrer Reflexion und die Herausbildung Ihres theoretischen Diskurses sich einem kritischen Durchgang durch die Probleme der Epistemologie und der Wissenschaftsphilosophie verdanken.*

Es ist richtig, die Geschichte der Wissenschaften, mit der ich mich zu beschäftigen begann, liegt weit von dem entfernt, was ich bei Bataille, Blanchot und Nietzsche kennengelernt hatte. Aber wie weit? Als ich Student war, befand sich die Geschichte der Wissenschaften mitsamt ihren theoretischen Debatten in einer strategischen Position.

Wenigstens von einer Seite aus betrachtet, war die Phänomenologie eine Kritik der Wissenschaft und zog deren Grundlage, deren Rationalität, deren Geschichte in Zweifel. Den anderen Flügel, der sich der eher existentiellen Phänomenologie des Erlebens entgegenstellte, verkörperten die großen Texte Husserls und Koyrés. In vieler Hinsicht versuchte das Werk Merleau-Pontys diese beiden Aspekte der Phänomenologie zusammenzuführen.

Ein ähnlicher Diskurs kam auch aus dem marxistischen Lager, in dem Maße, wie der Marxismus in den Jahren nach der Befreiung nicht nur auf theoretischem Gebiet, sondern auch im Alltag der jungen Studenten und Intellektuellen erhebliche Bedeutung gewonnen hatte. Der Marxismus beanspruchte in der Tat, eine Wissenschaft oder zumindest eine allgemeine Theorie der Wissenschaftlichkeit der Wissenschaften zu sein; eine Art Gerichtshof der Vernunft, der zu unterscheiden erlaubte zwischen dem, was Wissenschaft, und dem, was Ideologie war; mit einem Wort, er beanspruchte, ein allgemeines Rationalitätskriterium für jede Art Wissen anzugeben. Dieses ganze Amalgam von Problemen, dieses ganze Feld von Fragen drängte nach einer Untersuchung der Wissenschaft und ihrer Geschichte. Inwieweit konnte diese Geschichte die uneingeschränkt rationale Fundierung der Wissenschaft in Zweifel ziehen oder erweisen? Das war die Frage, welche die Geschichte der Wissenschaften an die Phänomenologie richtete. Umgekehrt stellte sich der Marxismus die folgende Frage: Inwieweit kann der Marxismus, wenn er mit seinen Schemata eine Geschichte der Gesellschaft rekonstruiert, die Geschichte der Wissenschaften, die Entstehung und Entwicklung der Mathematik, der theoretischen Physik und so weiter erklären? Dieses dichte Problemgeflecht, das ich eben summarisch beschrieben habe – und in dem Wissenschaftsgeschichte, Phänomenologie und Marxismus miteinander verquickt waren –, stand damals absolut im Mittelpunkt; und dort brachen sich, gleichsam wie in einer kleinen Linse, die verschiedenen Probleme der Epoche. Und genau an diesem Punkt wurden Leute wie Louis Althusser, kaum älter als ich, oder Desanti, die meine Lehrer waren, für mich wichtig.

*In welcher Weise ging die wissenschaftsgeschichtliche Problematik in die Ausbildung ihres Denkens ein?*

Paradoxerweise nicht viel anders als Nietzsche, Blanchot oder Bataille. Die Frage war: Inwieweit kann die Geschichte einer Wissenschaft deren Rationalität in Zweifel ziehen, sie beschränken, externe Elemente in sie einführen? Welche kontingenten Wirkungen durchdringen eine Wissenschaft von dem Augenblick an, in dem sie eine Geschichte hat, in dem sie sich in einer historisch determinierten Gesellschaft entwickelt? Andere Fragen schlossen sich an: Kann man eine Wissenschaftsgeschichte betreiben, die rational wäre? Läßt sich ein Prinzip der Intelligibilität finden, das die verschiedenen Umwege und gegebenenfalls auch die irrationalen Elemente erklärt, die sich in die Geschichte der Wissenschaften einschleichen?

Das waren, schematisch betrachtet, die Probleme, wie sie sich dem Marxismus ebenso wie der Phänomenologie stellten. Für mich dagegen stellten sich die Fragen etwas anders. An dieser Stelle gewann die Nietzsche-Lektüre für mich große Bedeutung: Es genügt nicht, eine Geschichte der Rationalität zu schreiben; was wir brauchen, ist eine Geschichte der *Wahrheit*. Statt also eine Wissenschaft darauf hin zu befragen, in welchem Maße ihre Geschichte sie der Wahrheit näher gebracht hat (oder ihr den Zugang zur Wahrheit verwehrt hat), müßte man sich nicht eher sagen, daß die Wahrheit in einem bestimmten Verhältnis besteht, die der Diskurs, das Wissen, zu sich selbst unterhält, und sich fragen, ob dieses Verhältnis seinerseits eine Geschichte hat oder nicht?

An Nietzsche hat mich frappiert, daß für ihn eine Rationalität – die einer Wissenschaft, einer Praxis, eines Diskurses – sich nicht nach der Wahrheit bemißt, die diese Wissenschaft, dieser Diskurs, diese Praxis hervorbringen können. Die Wahrheit ist selbst Teil der Geschichte des Diskurses und ist gleichsam ein Effekt innerhalb eines Diskurses oder einer Praxis.

*Der Diskurs Nietzsches über die Geschichte der Wahrheit und die Grenzen des theoretischen Menschen bedeutet ganz zweifellos eine Horizontverschiebung und einen Perspektivenwechsel gegenüber der klassischen Epistemologie, insofern er deren Prämissen aufhebt und die grundlegende »Unwahrheit des Erkennens« proklamiert. Aber ich wüßte gern: Wie kamen Sie dazu, die Analyse der Entstehung der Wissenschaft mit derjenigen der Grenzerfahrungen beziehungsweise der Erfahrung als Transformation zu verknüpfen?*

Könnte man eine Wissenschaft nicht letztlich als eine Erfahrung analysieren und auffassen, das heißt als ein Verhältnis, das so beschaffen ist, daß das Subjekt im Zuge dieser Erfahrung verändert wird? Dann wäre es die wissenschaftliche Praxis, die das ideale Subjekt der Wissenschaft und zugleich das Objekt der Erkenntnis konstituiert. Und ließe sich die geschichtliche Wurzel einer Wissenschaft nicht in dieser reziproken Genese des Subjekts und des Objekts finden? Welcher Wahrheitseffekt stellt sich auf diese Weise ein? Es würde daraus folgen, daß es keine Wahrheit gibt. Was nicht heißt, daß diese Geschichte irrational und daß diese Wissenschaft trügerisch wäre, sondern im Gegenteil die Präsenz einer realen und intelligiblen Geschichte bekräftigt, die Präsenz einer Serie kollektiver rationaler Erfahrungen, die einer Gesamtheit präziser, angebbarer Regeln folgen und in deren Verlauf sich ebensowohl das erkennende Subjekt wie das erkannte Objekt herausbilden.

Um diesen Vorgang zu verstehen, hielt ich es für das beste, neue, nicht formalisierte Wissenschaften zu untersuchen, deren Konstitution noch nicht weit zurücklag, die ihren Ursprüngen noch nahe waren und bei denen der unmittelbare Bedarf, der sie herbeirief, noch spürbar war – Wissenschaften, deren Wissenschaftlichkeit in höchstem Maße fraglich schien und die das zu begreifen suchten, dessen Aufnahme in einen Bereich von Rationalität man am wenigsten erwartet hatte. Das galt für den Wahnsinn. Es ging darum, zu verstehen, wie der Wahnsinn in der abendländischen Welt erst vom achtzehnten Jahrhundert an ein präziser Gegenstand der Analyse und der wissenschaftlichen Erforschung werden konnte, während es vorher allenfalls medizinische Traktate gab, die in einigen kurzen Abschnitten die »Krankheiten des Geistes« behandelten. Auf diesem Wege konnte man beweisen, daß im selben Augenblick, in dem das Objekt Wahnsinn Gestalt annahm, sich zugleich das Subjekt herausbildete, das imstande war, den Wahnsinn zu erkennen. Der Konstruktion des Objekts Wahnsinn entsprach die eines vernünftigen Subjekts, das den Wahnsinn zu erkennen vermochte und das ihn verstand. In der *Geschichte des Wahnsinns* habe ich diese Art kollektiver, vielfältiger Erfahrung zu verstehen versucht, die – zwischen dem sechzehnten und neunzehnten Jahrhundert – geprägt ist von der Wechselwirkung zwischen der Geburt eines vernünftigen Menschen, der es versteht, den Wahnsinn zu identifizieren und zu erkennen, und der Geburt des Wahnsinns als Objekt, das verstanden und näher bestimmt werden kann.

*Diese ursprüngliche Geste, welche die Trennung und Gegenüberstellung von Vernunft und Unvernunft kennzeichnet, mit all den Konsequenzen für das Schicksal der abendländischen Kultur, die Sie selbst analysiert haben, erschiene damit als wesentliche Vorbedingung für die geschichtliche Entwicklung beziehungsweise für die Entwicklung der Geschichte der modernen Vernunft. Hat sich diese Grenzerfahrung, welche die Möglichkeit der Geschichte eröffnet, in einer zeitlosen Dimension ereignet, außerhalb der Geschichte selbst?*

Meine Arbeit bestand selbstverständlich nicht darin, den Wahnsinn gewissermaßen zu verklären; und es ging auch nicht um eine irrationalistische Geschichte. Ich wollte im Gegenteil zeigen, wie diese Erfahrung – die den Wahnsinn als Objekt und zugleich das Subjekt, das ihn erkennt, konstituiert hat – nur dann voll verstanden werden kann, wenn man sie rigoros mit bestimmten, durchaus bekannten historischen Prozessen in Zusammenhang bringt: mit der Entstehung einer gewissen Normalisierungsgesellschaft und ihren Praktiken der Einschließung; mit einer bestimmten ökonomischen und sozialen Situation, die der Phase der Urbanisierung und der Geburt des Kapitalismus entspricht, und der Existenz einer umherziehenden, verstreuten Population, mit der die neuen Anforderungen der Ökonomie und des Staates nicht vereinbar waren.

Ich habe also versucht, eine Geschichte der Konstitution eines Wissens zu schreiben, eine Geschichte, die so rational wie möglich ein neues Verhältnis zur Objektivität beschreibt, etwas, das man die »Wahrheit des Wahnsinns« nennen könnte.

Das bedeutet natürlich nicht, daß es – vermittelt über diesen Wissenstyp – nun tatsächlich gelungen wäre, Kriterien zu bestimmen, die es gestatten würden, den Wahnsinn in seiner Wahrheit zu entdecken; nein, es wurde vielmehr eine Erfahrung, die der Wahrheit des Wahnsinns, mit der Möglichkeit einer effektiven Erkenntnis und einer reziproken Entwicklung eines Subjekts versehen.

*Treten wir einen Schritt zurück. In der Darstellung Ihrer intellektuellen Bildungsgeschichte, besonders was Ihre Beschäftigung mit epistemologischen Problemen angeht, haben Sie niemals den Namen Gaston Bachelard genannt. Und dennoch hat man – wie ich glaube, zu Recht – bemerkt, daß der rationale Materialismus Bachelards, gestützt auf die Dominanz einer wissenschaftlichen Praxis, welche die Objekte ihrer Analyse selbst zu konstruieren vermag, in gewisser Weise den Hintergrund der Forschungslinien abgibt, die Sie entfaltet haben. Meinen Sie nicht, daß es sich so verhält?*

Ich war kein direkter Schüler Bachelards, doch ich habe seine Bücher gelesen; in seinen Überlegungen zur

Diskontinuität in der Geschichte der Wissenschaften und in dem Gedanken, daß die Vernunft, indem sie die Gegenstände ihrer Analyse selbst konstituiert, an sich selbst arbeitet, gibt es eine ganze Reihe von Elementen, von denen ich profitieren konnte und die ich aufgenommen habe.

Auf dem Gebiet der Wissenschaftsphilosophie war jedoch Georges Canguilhem derjenige, der mich am meisten beeinflußt hat, wenngleich erst viel später. Er hat vor allem die Probleme der Wissenschaften vom Leben vertieft, indem er zu zeigen versuchte, wie sich der Mensch als lebendiges Wesen in dieser Erfahrung selbst in Frage gestellt hat.

Mit der Begründung der Wissenschaften vom Leben, mit der Konstitution eines bestimmten Wissens hat sich der Mensch als lebendiges Wesen verändert, indem er zum rationalen Subjekt wurde und sich die Möglichkeit schuf, auf sich selbst einzuwirken, die Bedingungen des Lebens und seines eigenen Lebens zu ändern; der Mensch konstruierte eine Biologie, die nichts anderes war als die Kehrseite einer Einbeziehung der Wissenschaften vom Leben in die allgemeine Geschichte der menschlichen Gattung. Dies ist bei Canguilhem eine äußerst wichtige Überlegung, die, wie ich glaube, eine Verwandtschaft mit Nietzsche erkennen läßt. Und mit dieser paradoxen Verwandtschaft stößt man, nicht zufällig wieder im Umkreis Nietzsches, gleichsam auf einen Berührungspunkt zwischen dem Diskurs über die Grenzerfahrungen, in denen es für das Subjekt darum geht, sich selbst zu transformieren, und dem Diskurs über die Transformation des Subjekts durch die Konstitution eines Wissens.

*Wie entsteht Ihrer Auffassung nach eine Beziehung zwischen den Grenzerfahrungen, die in gewisser Weise der Konstitution der Vernunft vorausgehen, und dem Wissen, das im Gegensatz dazu die historische Grenze eines kulturellen Horizonts markieren würde?*

Ich verwende das Wort »Wissen« in Abgrenzung von »Erkenntnis«. Mit »Wissen« ziele ich auf einen Prozeß, der das Subjekt einer Veränderung unterwirft, gerade indem es erkennt oder vielmehr bei der Arbeit des Erkennens. Es ist dieser Prozeß, der es gestattet, das Subjekt zu verändern und gleichzeitig das Objekt zu konstruieren. Erkenntnis ist die Arbeit, die es erlaubt, die erkennbaren Objekte zu vermehren, ihre Erkennbarkeit zu entwickeln, ihre Rationalität zu verstehen, bei der jedoch das forschende Subjekt fest und unverändert bleibt.

Bei der Idee einer Archäologie geht es genau darum, die Konstitution einer Erkenntnis, das heißt einer Beziehung zwischen einem starren Subjekt und einem Bereich von Objekten, an ihren historischen Wurzeln zu fassen, in der Bewegung des Wissens zu verfolgen, das die Erkenntnis ermöglicht. Im Grunde habe ich mich bis heute immer nur damit beschäftigt, wie die Menschen in den abendländischen Gesellschaften diese zweifellos grundlegenden Erfahrungen wahrgenommen haben: in den Prozeß der Erkenntnis eines Objektbereichs einzutreten und dabei gleichzeitig sich selbst als Subjekte mit einem festen und determinierten Status zu konstituieren. Zum Beispiel: mit der Erkenntnis des Wahnsinns sich als vernünftiges Subjekt zu konstituieren; mit der Erkenntnis der Krankheit sich als lebendiges Subjekt zu konstituieren; mit der Erkenntnis der

Ökonomie sich als arbeitendes Subjekt zu konstituieren; in einer bestimmten Beziehung zum Gesetz sich als Individuum zu erkennen... Überall dieses Phänomen, daß der Mensch ins Innere seines eigenen Wissens eingeht. Ich habe mich vor allem bemüht zu verstehen, wie der Mensch bestimmte Grenzerfahrungen in Erkenntnisobjekte verwandelt hat: den Wahnsinn, den Tod, das Verbrechen. Hier stößt man wieder auf Themen Georges Batailles, aber aufgenommen in eine kollektive Geschichte, die Geschichte des Abendlands und seines Wissens. Immer geht es um Grenzerfahrungen und um eine Geschichte der Wahrheit.

Ich bin gefangen, gefesselt in diesem Knäuel von Problemen. Was ich sage, hat keinen objektiven Wert, kann aber vielleicht dazu dienen, die Probleme, die ich zu stellen versucht habe, und den Gang der Dinge zu erhellen.

*Eine letzte Bemerkung zu den Elementen Ihrer intellektuellen Bildungsgeschichte: ich möchte von der phänomenologischen Anthropologie sprechen und von dem Versuch, Phänomenologie und Psychoanalyse zu verknüpfen. Eine Ihrer frühesten Schriften aus dem Jahre 1954 ist eine Einführung in Binswangers* Traum und Existenz. *Sie nehmen dort den Gedanken auf, daß der Traum beziehungsweise das Imaginäre den ursprünglichen konstitutiven Raum des Menschen darstellt...*

Die Lektüre dessen, was man »Existentialanalyse« oder »phänomenologische Psychiatrie« genannt hat, war für mich in der Zeit wichtig, als ich in psychiatrischen Krankenhäusern arbeitete und nach etwas suchte, was sich von den traditionellen Rastern des psychiatrischen Blicks unterschied: ein Gegengewicht. Gewiß hatten diese herrlichen Beschreibungen des Wahnsinns als einzigartige, unvergleichliche Grunderfahrung ihre Bedeutung. Ich glaube übrigens, daß auch Laing von all dem beeindruckt war; auch er hat sich lange an der Existentialanalyse orientiert (er auf eine mehr sartresche und ich auf eine mehr heideggersche Weise). Aber wir sind dabei nicht stehengeblieben. Laing hat in seiner ärztlichen Tätigkeit eine gewaltige Arbeit geleistet: er war, mit Cooper, der eigentliche Begründer der Antipsychiatrie, während ich nur eine kritische historische Analyse geliefert habe. Doch die Existentialanalyse hat uns geholfen, das Beklemmende und Unterdrückende im Blick und im Wissen der akademischen Psychiatrie schärfer und deutlicher zu erkennen.

*Inwieweit haben Sie dagegen die Lehre Lacans aufgenommen und verarbeitet?*

Zweifellos hat das, was ich von seinen Werken erfassen konnte, für mich eine Rolle gespielt. Aber ich habe seine Lehre nicht aus hinreichender Nähe verfolgt, um von ihr wirklich durchdrungen zu sein. Ich habe manche seiner Bücher gelesen; doch um Lacan zu verstehen, muß man ihn bekanntlich nicht nur lesen, sondern auch an seinem Unterricht teilnehmen, seine Seminare besuchen, eine Analyse absolvieren. Ich habe nichts davon getan. Ab 1955, als Lacan den wesentlichen Teil seiner Lehre lieferte, war ich schon im Ausland...

*Haben Sie lange außerhalb Frankreichs gelebt?*

Ja, mehrere Jahre lang. Ich habe im Ausland als Assistent und Lektor an den Universitäten von Uppsala,

Warschau, Hamburg gearbeitet. Das war genau in der Zeit des Algerienkrieges. Ich habe ihn ein wenig als Ausländer erlebt. Und da ich die Ereignisse als Ausländer beobachtete, fiel es mir leicht, ihre Absurdität zu erkennen und klar zu sehen, worauf dieser Krieg notwendig hinauslaufen würde. Natürlich war ich gegen den Konflikt. Aber weil ich im Ausland war und nicht unmittelbar erlebte, was in meinem Land vorging, war es für mich zwar nicht schwierig, einen klaren Blick zu behalten, doch ich mußte auch nicht viel Courage beweisen; ich habe an dieser Erfahrung, die zu den entscheidenden des modernen Frankreich gehört, persönlich nicht teilgenommen.

Als ich zurückkehrte, hatte ich gerade das Manuskript von *Wahnsinn und Gesellschaft* abgeschlossen. In gewisser Weise war das Buch ein Nachhall der unmittelbaren Erfahrung dessen, was ich in jenen Jahren erlebt hatte. Ich meine die Erfahrung der schwedischen Gesellschaft, einer übermedizinalisierten, beschützten Gesellschaft, in der alle sozialen Gefahren in gewisser Weise durch subtile und ausgeklügelte Mechanismen abgemildert wurden – und die Erfahrung der polnischen Gesellschaft, wo die Mechanismen der Einschließung von ganz anderer Art waren ... Diese beiden Typen von Gesellschaften sollten in den kommenden Jahren zu einer Art Obsession der westlichen Gesellschaft werden. Aber für Frankreich lag das weit ab; Frankreich war im Fieber des Krieges und wurde von den Problemen geschüttelt, die das Ende der Kolonialzeit aufwarf. Fern der französischen Realität entstanden und von dieser Ferne geprägt, wurde *Wahnsinn und Gesellschaft* von Blanchot, Klossowski, Barthes sofort günstig aufgenommen. Unter den Ärzten und Psychiatern waren die Reaktionen unterschiedlich: ein gewisses Interesse bei einigen liberal oder marxistisch orientierten, wie Bonnafé; völlige Ablehnung dagegen bei anderen, konservativeren. Doch wie ich Ihnen schon sagte, blieb meine Arbeit alles in allem unbeachtet: Gleichgültigkeit, Schweigen von seiten der Intellektuellen.

*Wie reagierten Sie auf diese Haltung? Wenig später wurde* Wahnsinn und Gesellschaft *selbst von denen, welche die Thesen des Buches nicht teilten, als ein Werk ersten Ranges anerkannt. Wie erklären Sie sich diese anfängliche Quasi-Gleichgültigkeit?*

Ich gestehe Ihnen, daß ich ein wenig überrascht war; aber ich hatte unrecht. Das intellektuelle Milieu Frankreichs stand noch unter dem Eindruck anderer Erfahrungen. Es dominierten Debatten über den Marxismus, über Wissenschaft und Ideologie. Ich glaube, die Rezeptionsvorbehalte gegenüber *Wahnsinn und Gesellschaft* erklären sich folgendermaßen: Erstens war es eine Arbeit historischer Forschung, und damals richtete sich die Aufmerksamkeit vor allem auf die Theorie, die theoretische Debatte; zweitens galt ein Gebiet wie das der Geisteskrankheiten, der psychiatrischen Medizin, als marginal, gemessen an der Komplexität der laufenden Debatte; und waren schließlich der Wahnsinn und die Irren nicht etwas, das sich am Rande der Gesellschaft befindet, etwas Marginales? Das waren, glaube ich, mehr oder weniger die Gründe für das Desinteresse derer, die sich auf der Höhe der ernsthaften politischen Diskussion glaubten. Ich war überrascht:

ich hatte geglaubt, es gebe in diesem Buch Dinge, die hätten interessieren müssen, weil ich den Versuch unternommen hatte zu erforschen, wie sich ein Diskurs mit wissenschaftlichem Anspruch, die Psychiatrie, aus historischen Situationen heraus bildet. Ich hatte immerhin versucht, eine Geschichte der Psychiatrie zu schreiben ausgehend von den Veränderungen, die sich in den Produktionsweisen vollzogen und die die Bevölkerung in solcher Weise berührten, daß sich Probleme der Pauperisierung stellten, aber auch Unterscheidungen zwischen den verschiedenen Kategorien der Armen, Kranken und Irren zeigten. Ich war überzeugt, daß all das die Marxisten interessieren müßte. Statt dessen herrschte völliges Schweigen.

*Was hat denn Ihrer Meinung nach das Interesse an Ihrem Text wiederaufleben lassen und sogar, wie wir wissen, heftige Polemiken ausgelöst?*
Rückblickend läßt sich diese Rezeptionsgeschichte wahrscheinlich nachzeichnen. Die Reaktionen und Einstellungen änderten sich und wurden radikaler, als sich allmählich die Ereignisse von 1968 abzeichneten und dann eintraten. Die Probleme des Wahnsinns, der Einschließung, der Normalisierungsprozesse in einer Gesellschaft wurden ein dankbares Thema, besonders in den Kreisen der extremen Linken. Jeder, der es für nötig hielt, auf Distanz zu dem zu gehen, was sich zusammenbraute, nahm mein Buch als Zielscheibe und wies darauf hin, wie idealistisch es sei und wie es am Wesentlichen des Problems vorbeigehe. So beschloß *l'Évolution psychiatrique*, eine sehr wichtige Gruppe von Psychiatern in Frankreich, acht Jahre nach Erschei-

nen des Buches, in Toulouse einen ganzen Kongreß abzuhalten, um *Wahnsinn und Gesellschaft* zu »exkommunizieren«. Selbst Bonnafé, ein marxistischer Psychiater, der einer von denen gewesen war, die mein Buch mit Interesse aufgenommen hatten, als es herauskam, verurteilte es 1968 als ideologisches Werk. In dieser Konvergenz von Polemiken und dem wiederauflebenden Interesse für bestimmte Themen gewann *Wahnsinn und Gesellschaft* eine gewisse Aktualität.

*Welche Folgen hatte die Reaktualisierung Ihres Diskurses in den Kreisen der Psychiater? In jenen Jahren gewann eine regelrechte Protestbewegung gegen die traditionelle Psychiatrie an Breite und brachte ein ganzes System stabil austarierter kultureller Verhältnisse ins Wanken.*

Kurz vor dem Krieg und vor allem in der Nachkriegszeit gab es eine regelrechte Bewegung, die die psychiatrische Praxis in Frage stellte, eine Bewegung, die unter den Psychiatern selbst entstand. Diese jungen Psychiater stürzten sich nach 1945 in Analysen, Reflexionen und Projekte. Was man »Antipsychiatrie« genannt hat, hätte also durchaus zu Beginn der fünfziger Jahre auch in Frankreich entstehen können. Wenn das nicht geschah, so meiner Ansicht nach aus folgenden Gründen: Zum einen standen viele dieser Psychiater dem Marxismus sehr nahe, wenn sie nicht gar Marxisten waren, und wurden deshalb dazu gebracht, ihre Aufmerksamkeit auf das zu konzentrieren, was in der Sowjetunion geschah, das heißt auf Pavlov und die Reflexologie, auf eine materialistische Psychiatrie und ein ganzes Bündel von theoretischen und wissenschaftlichen Problemen, mit dem sie natürlich nicht sehr weit kommen konnten. Wenigstens einer von ihnen unternahm in den Jahren 1954-1955 eine Studienreise in die Sowjetunion. Aber ich wüßte nicht, daß er danach über diese Erfahrung gesprochen oder über dieses Thema geschrieben hätte. Ich glaube auch, und ich sage das ohne Aggressivität, daß das marxistische Klima sie zunehmend in eine Sackgasse geführt hat. Andererseits glaube ich, daß der Status der Psychiater, die ja überwiegend in Institutionen angestellt sind, viele sehr rasch dazu gebracht hat, die Psychiatrie im Jargon der gewerkschaftlichen Verteidigung von Arbeitnehmerrechten in Frage zu stellen. So gerieten diese Leute, die von ihren Fähigkeiten, ihren Interessen und ihrer Offenheit für so viele Dinge her imstande gewesen wären, die Probleme der Psychiatrie zu stellen, in Sackgassen. Als sich in den sechziger Jahren die Antipsychiatrie rapide ausbreitete, nahmen sie ihr gegenüber eine ablehnende Haltung ein, die immer schärfer wurde und sogar aggressive Züge annahm. In diesem Moment wurde mein Buch auf den Index gesetzt, als wäre es das Evangelium des Teufels. Ich weiß, daß man in bestimmten Kreisen heute noch über *Wahnsinn und Gesellschaft* mit unglaublicher Abscheu spricht.

*Wenn wir an die Polemiken zurückdenken, die Ihre Schriften ausgelöst haben, möchte ich jetzt an diejenigen erinnern, die sich in den sechziger Jahren an die hitzige Strukturalismus-Debatte anschlossen. Es gab damals eine angespannte Diskussion, in deren Verlauf mit kühnen Behauptungen nicht gespart wurde, zum Beispiel von seiten Sartres. Aber ich möchte Sie an ande-*

*re Urteile über Ihr Denken erinnern: Roger Garaudy sprach von »abstraktem Strukturalismus«, Jean Piaget von »Strukturalismus ohne Strukturen«, Michel Dufrenne von »Neopositivismus«, Henri Lefebvre von »Neo-Eleatismus«, Sylvie Le Bon von »verzweifeltem Positivismus«, Michel Amiot von »Kulturrelativismus« oder »historisierendem Skeptizismus« und so weiter: ein ganzes Bündel von Bemerkungen und ein Gewirr verschiedener, sogar gegensätzlicher Sprachen, die sich in der Kritik an Ihren Thesen trafen, ungefähr nach der Veröffentlichung der* Ordnung der Dinge. *Aber dieses überhitzte Klima der französischen Kultur war höchstwahrscheinlich eine Folge der umfassenderen Auseinandersetzung um den Strukturalismus. Wie schätzen Sie heute diese Urteile und, allgemeiner gesprochen, die Bedeutung dieser Polemik ein?*

Diese Geschichte des Strukturalismus ist schwer zu entwirren, obgleich das sehr interessant wäre. Lassen wir einstweilen eine ganze Serie polemischer Erregungen beiseite mit all den theatralischen und manchmal grotesken Zügen in ihren Formulierungen. Dazu würde ich ganz obenan die bekannteste Äußerung Sartres über mich stellen, in der ich als »das letzte ideologische Bollwerk der Bourgeoisie« bezeichnet wurde. Arme Bourgeoisie, wenn sie nur mich als Bollwerk hätte, so hätte sie die Macht längst verloren!

Dennoch muß man sich fragen, was in der Geschichte des Strukturalismus die Emotionen zu solcher Erbitterung steigern konnte. Ich halte die Leute für durchschnittlich vernünftig, aber wenn selbst sie die Kontrolle über ihre Äußerungen verlieren, muß darin etwas Wichtiges enthalten sein. Ich habe dazu eine Reihe von

Vermutungen angestellt. Gehen wir zunächst von einer Beobachtung aus. Als »Strukturalisten« wurden Mitte der sechziger Jahre Leute bezeichnet, die völlig unterschiedliche Forschungen betrieben hatten, denen allerdings eines gemeinsam war: Sie versuchten einer Form der Philosophie, der Reflexion und der Analysen ein Ende zu setzen oder aus dem Wege zu gehen, die wesentlich um die Behauptung des Primats des Subjekts kreiste. Das reichte vom Marxismus, der damals ganz vom Begriff der Entfremdung beherrscht wurde, über den phänomenologischen Existentialismus, mit der gelebten Erfahrung im Mittelpunkt, bis zu jenen Tendenzen der Psychologie, die in dem Bemühen, sich der menschlichen Erfahrung anzuschmiegen – sagen wir: im Namen der Selbsterfahrung –, das Unbewußte ablehnte. Das konnte Zornesausbrüche hervorrufen.

Aber ich glaube, daß hinter diesem Gerangel doch etwas Tieferes lag, über das man damals wenig nachgedacht hat. Nämlich daß der eigentliche Strukturalismus offenkundig keine Entdeckung der Strukturalisten der sechziger Jahre und schon gar nicht eine französische Erfindung war. In Wirklichkeit geht er auf eine ganze Reihe von Forschungen zurück, die in den zwanziger Jahren in der Sowjetunion und in Mitteleuropa unternommen worden waren. Diese große kulturelle Expansion, die auf dem Gebiet der Sprachwissenschaft, der Mythologie, der Folklore usw. der Russischen Revolution von 1917 vorausgegangen war und gewissermaßen mit ihr zusammenfiel, wurde von der stalinistischen Dampfwalze überrollt, von ihren Zielen abgelenkt und sogar unterdrückt. In der Folge zirkulierte die strukturalistische Kultur schließlich in Frankreich, vermittelt über mehr oder weniger unterirdische und jedenfalls kaum bekannte Netze: denken Sie an die Phonologie Trubetzkoys, an den Einfluß von Propp auf Dumézil und Lévi-Strauss und so weiter. Mir scheint also, daß in der Aggressivität, mit der beispielsweise bestimmte französische Marxisten sich den Strukturalisten der sechziger Jahre entgegenstellten, gleichsam ein historisches Wissen enthalten war, das wir nicht hatten: Der Strukturalismus war auf kulturellem Gebiet das große Opfer des Stalinismus gewesen, eine Möglichkeit, mit welcher der Marxismus nichts anzufangen gewußt hatte.

*Ich glaube, Sie setzen da eine bestimmte kulturelle Strömung allzu hoch an, wenn Sie sie als Opfer bewerten. Die »stalinistische Dampfwalze«, wie Sie sagen, hat nicht nur den Strukturalismus von seinen Zielen abgeschnitten, sondern gleichermaßen eine ganze Reihe kultureller und ideologischer Tendenzen und Ausdrucksformen, denen die Oktoberrevolution Anstöße gegeben hatte. Ich glaube nicht, daß man da klar trennen könnte. Zum Beispiel wurde ja auch der Marxismus selbst auf ein doktrinäres Lehrgebäude reduziert, zum Nachteil seiner kritischen Beweglichkeit, seiner Offenheit ...*

Trotzdem bleibt die erstaunliche Tatsache zu erklären, warum ein so spezielles Phänomen wie der Strukturalismus in den sechziger Jahren solche Leidenschaften entfachen konnte. Und warum hat man eine Gruppe von Intellektuellen als Strukturalisten definieren wollen, die keine waren oder zumindest dieses Etikett ablehnten? Ich bleibe dabei, daß man den Schwerpunkt der Analyse verschieben muß, um darauf eine befriedigende Antwort zu finden. Letztlich war das Problem des Strukturalismus in Europa nichts weiter als die Nachwirkung von Problemen, die sich in den osteuropäischen Ländern viel schärfer stellten. Dabei wären vor allem die Anstrengungen vieler sowjetischer, tschechoslowakischer usw. Intellektueller zu betrachten, die sich in der Epoche der Entstalinisierung bemühten, eine gewisse Autonomie gegenüber der politischen Macht zu gewinnen und sich von den offiziellen Ideologien zu befreien. Dafür stand ihnen nun genau diese gleichsam okkulte Tradition der zwanziger Jahre zur Verfügung, die ich erwähnt habe und die aus ihrer Perspektive einen doppelten Wert hatte: Einerseits handelte es sich um eine der großen Neuerungen, die der Osten der westlichen Kultur anzubieten hatte (Formalismus, Strukturalismus und so weiter); andererseits war diese Kultur unmittelbar oder mittelbar mit der Oktoberrevolution verbunden, und ihre Hauptvertreter hatten sich darin wiedererkannt. Der Nebel lichtet sich: Während der Entstalinisierung versuchten die Intellektuellen, ihre Autonomie wiederzugewinnen, indem sie an die Fäden dieser kulturell prestigereichen Tradition anknüpften, die aus politischer Sicht nicht als reaktionär oder westlich behandelt werden konnte. Sie war revolutionär, und sie war im Osten entstanden. Daher die Absicht, diese Tendenzen im Denken und in der Kunst wiederzubeleben und wieder zu verbreiten. Ich glaube, daß die sowjetischen Autoritäten die Gefahr ganz richtig gespürt haben und keine offene Konfrontation riskieren wollten, während viele intellektuelle Kräfte gerade darauf setzten.

Mir scheint, daß die Ereignisse in Frankreich ein wenig die blinde und unfreiwillige Nachwirkung all dessen gewesen sind. Die mehr oder weniger marxistischen Milieus, die kommunistischen oder vom Marxismus beeinflußten, müssen geahnt haben, daß der Strukturalismus, so wie er in Frankreich praktiziert wurde, etwas enthielt, das ein wenig wie das Totenglöcklein der traditionellen marxistischen Kultur klang. Eine linke, nicht marxistische Kultur war im Werden. So werden gewisse Reaktionen verständlich, die gegen jene Forschungen zuerst den Technokratie- und dann den Idealismusvorwurf zu erheben suchten. Das Urteil der *Temps modernes* ähnelte bis aufs Haar dem Urteil der letzten Stalinisten oder den Urteilen, die zu Zeiten Chruschtschows über den Formalismus und den Strukturalismus vorgebracht wurden.

*Ich glaube, daß Sie auch da wieder etwas zu weit gehen, insofern eine Ähnlichkeit im Urteil noch nicht bedeutet, daß die kulturellen oder gar politischen Positionen konvergieren ...*

Ich will Ihnen zwei Anekdoten erzählen. Ich bin mir nicht völlig sicher, ob die erste authentisch ist; sie wurde mir 1974/75 von einem tschechischen Emigranten erzählt. Einer der größten westlichen Philosophen wurde Ende 1966 oder Anfang 1967 zu einem Vortrag nach Prag eingeladen. Die Tschechen erwarteten ihn wie den Messias; es handelte sich um den ersten großen nichtkommunistischen Intellektuellen, der in der Epoche heftiger kultureller und sozialer Unruhe unmittelbar vor dem Prager Frühling eingeladen worden war. Man erwartete von ihm, daß er über das sprechen würde, was in Westeuropa mit der traditionellen marxistischen Kultur nicht konform ging. Und dafür machte nun dieser Philosoph von Beginn seines Vortrages an jene Intellektuellengruppen verantwortlich, die Strukturalisten, die im Dienste des Großkapitals stünden und versuchten, sich der großen ideologischen Tradition des Marxismus in den Weg zu stellen. Wahrscheinlich glaubte er damit den Tschechen zu gefallen, indem er ihnen eine Art ökumenischen Marxismus anbot. In Wirklichkeit untergrub er, was die Intellektuellen jenes Landes zu tun versuchten. Gleichzeitig lieferte er den tschechischen Behörden eine außerordentlich wirksame Waffe, indem er es ihnen erlaubte, einen Angriff gegen den Strukturalismus zu lancieren, der nun sogar von einem nichtkommunistischen Philosophen als reaktionäre und bürgerliche Ideologie entlarvt worden war. Wie Sie sich denken können, war die Enttäuschung groß.

Ich komme jetzt zu der zweiten Anekdote. Deren Hauptperson war ich selbst, als ich 1967 eingeladen wurde, eine Reihe von Vorträgen in Ungarn zu halten. Ich hatte vorgeschlagen, die Themen der Debatte zu behandeln, die im Westen über den Strukturalismus in Gang war. Alle Themen wurden akzeptiert. Alle Vorträge fanden im Audimax der Universität statt. Als jedoch der Moment kam, in dem ich über den Strukturalismus hätte sprechen müssen, wurde mir mitgeteilt, daß der Vortrag diesmal im Büro des Rektors stattfinden solle; es sei ein so hochgestochenes Thema, sagte man mir, daß man nicht mit großem Interesse rechnen könne. Ich wußte, daß das eine Lüge war. Ich sprach darüber mit meinem jungen Dolmetscher, der mir sagte: »Es gibt drei Dinge, über die wir an der Universität nicht reden können: der Nazismus, das Horty-Regime und der Strukturalismus.« Ich war bestürzt. Das ließ mich verstehen, warum das Problem des Strukturalismus ein Problem des Ostens ist und daß die hitzigen und wirren Diskussionen, die in Frankreich zu diesem Thema stattfanden, nur die indirekte, gewiß von niemandem recht begriffene Nachwirkung eines viel ernsteren und viel härteren Kampfes waren, der in den Ländern des Ostens geführt wurde.

*In welchem Sinne sprechen Sie von Nachwirkung? Hatte denn die Debatte, die in Frankreich geführt wurde, keine Eigenständigkeit, die über die Frage des Strukturalismus hinausginge?*

All das macht besser verständlich, worum es bei der westlichen Debatte über den Strukturalismus eigentlich ging und warum sie mit solcher Heftigkeit geführt wurde. Mehrere wichtige Fragen wurden berührt: eine bestimmte Art, theoretische Probleme zu formulieren, in deren Mittelpunkt nicht das Subjekt stand; Analysen, die – obwohl völlig rational – doch keine marxistischen waren. Es war die Geburt eines theoretischen Reflexionstyps, der sich von der großen marxistischen Gehorsamspflicht löste. Die Werte, die im Osten umkämpft waren, und die dortigen Auseinandersetzungen wurden auf das übertragen, was im Westen stattfand.

*Ich verstehe noch nicht recht den Sinn dieser Übertragung. Das wiedererwachende Interesse an der strukturalen Methode und ihrer Tradition in den östlichen Ländern hat doch sehr wenig mit der Linie des theoreti-*

*schen Antihumanismus zu tun, dessen Repräsentanten die französischen Strukturalisten waren ...*

Was sich im Osten und was sich im Westen abspielte, war durchaus miteinander verwandt. Es ging um folgendes: Inwieweit lassen sich Formen der Reflexion und der Analyse entwickeln, die weder irrational noch rechts sind, aber ebensowenig dem marxistischen Dogma gehorchen? Das war die Problematik, die von denen, die sich davor fürchteten, mit dem groben, Unterschiede verwischenden und Verwirrung stiftenden Ausdruck »Strukturalismus« diffamiert wurde. Und warum tauchte dieses Wort auf? Weil eben in der Sowjetunion und in den östlichen Ländern der Strukturalismus im Mittelpunkt der Debatte stand. Dort wie hier ging es darum, herauszufinden, inwieweit es möglich war, eine rationale, wissenschaftliche theoretische Forschung außerhalb der Gesetze und der Dogmatik des dialektischen Materialismus zu begründen.

Das spielte sich im Osten wie im Westen ab. Mit jenem Unterschied allerdings, daß es sich im Westen nicht um Strukturalismus im strengen Sinne handelte, während es in den Ländern des Ostens eben der Strukturalismus war, den man versteckt hat und den man nach wie vor versteckt. Das macht gewisse Bannflüche verständlicher ...

*Seltsamerweise trafen diese Bannflüche aber auch Louis Althusser, obwohl dessen Forschung sich uneingeschränkt mit dem Marxismus identifizierte und sogar dessen getreueste Deutung zu sein beanspruchte. Wie erklären Sie sich dann, daß ein marxistisches Werk wie* Das Kapital lesen *und Ihr Buch* Die Ordnung der Dinge, *beide Mitte der sechziger Jahre veröffentlicht, aber ganz unterschiedlich orientiert, zur Zielscheibe ein und derselben antistrukturalistischen Polemik werden konnten?*

Was Althusser angeht, kann ich es Ihnen nicht genau sagen. Was mich betrifft, glaube ich, daß man mir die Veröffentlichung von *Wahnsinn und Gesellschaft* heimzahlen wollte, indem man statt dessen *Die Ordnung der Dinge* angriff. *Wahnsinn und Gesellschaft* hatte ein gewisses Unbehagen geweckt: das Buch lenkte die Aufmerksamkeit von würdigen Themen auf minderwertige ab; statt von Marx zu sprechen, analysierte es so belanglose Dinge wie die Praktiken in Irrenhäusern. Der Skandal, zu dem es damals hätte kommen müssen, brach dann 1966 bei Erscheinen der *Ordnung der Dinge* los: Man bezeichnete das Buch als einen rein formalen, abstrakten Text. So etwas hätte man über mein erstes Buch über den Wahnsinn niemals sagen können. Hätte man sich wirklich aufmerksam mit *Wahnsinn und Gesellschaft* und danach mit der *Geburt der Klinik* beschäftigt, dann hätte man gemerkt, daß *Die Ordnung der Dinge* für mich keinesfalls ein »totales« Buch darstellte. Das Buch nahm eine bestimmte Perspektive ein, um eine Reihe von Fragen zu beantworten. Ich hatte weder meine ganze Methode dort hineingelegt noch alle Fragen darin behandelt, die mich beschäftigten. Im übrigen bekräftige ich am Schluß des Buches wiederholt, daß es sich um eine Analyse auf der Ebene von Transformationen des Wissens und der Erkenntnis handelt und daß die ganze Arbeit auf der Ebene einer tiefen kausalen Erklärung noch zu tun bleibt. Hätten meine Kritiker meine früheren Arbeiten gelesen oder sie nicht wenigstens vergessen wollen, so hätten sie erkennen müssen, daß ich dort einige dieser Erklärungen geliefert habe. Zumindest in Frankreich ist es eine fest verwurzelte Gewohnheit, ein Buch zu lesen, als wäre es gleichsam ein Absolutum; jedes Buch soll ganz für sich allein stehen. Dagegen habe ich meine Bücher als Serie verfaßt: das erste läßt Probleme offen, auf denen das zweite gründet und die ein drittes anregen, ohne daß eine gerade Linie vom einen zum anderen führte. Sie kreuzen sich, sie schneiden sich.

*Sie würden also ein methodologisches Buch wie* Die Ordnung der Dinge *an explorative Bücher wie das über den Wahnsinn und das über die Klinik anschließen? Welche Probleme gaben Ihnen den Anstoß, zu einer systematischeren Erkenntnis überzugehen – aus der Sie den Begriff der Episteme gewonnen haben, jener Gesamtheit von Regeln, welche die diskursiven Praktiken in einer gegebenen Kultur oder einer bestimmten historischen Epoche beherrschen?*

In der *Ordnung der Dinge* habe ich eine Analyse der Klassifikations-, Tabellierungs- und Koordinationsverfahren im Bereich des Erfahrungswissens entwickelt. Ein Problem, auf das ich schon hingewiesen hatte, als ich ihm bei der Arbeit an der *Geburt der Klinik* begegnet war, und das die Probleme der Biologie, der Medizin und der Naturwissenschaften betraf. Auf das Problem der klassifikatorischen Medizin war ich dagegen schon gestoßen, als ich an *Wahnsinn und Gesellschaft* arbeitete, weil man begonnen hatte, eine analoge Methodologie im Bereich der Geisteskrankheiten zu verwenden. All diese Dinge verwiesen aufeinander, ähnelten ein wenig einer Figur auf einem Schachbrett, die man von Feld zu Feld schiebt, manchmal im Zickzack, manchmal springend, doch immer auf demselben Schachbrett: deshalb entschloß ich mich, in einem Text den komplexen Rahmen systematisch darzustellen, der im Zuge meiner Forschungen aufgetaucht war. So entstand *Die Ordnung der Dinge*: ein sehr technisches Buch, das sich vor allem an Techniker der Geschichte der Wissenschaften richtete. Ich hatte es im Anschluß an Diskussionen mit Georges Canguilhem verfaßt und wollte mich hauptsächlich an Forscher wenden. Doch eigentlich waren das nicht die Probleme, die mich am meisten in Atem hielten. Ich habe Ihnen von Grenzerfahrungen erzählt: das ist das Thema, das mich wirklich faszinierte. Wahnsinn, Tod, Sexualität, Verbrechen sind für mich erregendere Dinge. *Die Ordnung der Dinge* hingegen war für mich eine Art formaler Übung.

*Trotzdem werden Sie mir nicht weismachen wollen,* Die Ordnung der Dinge *sei für Sie nicht wichtig gewesen; mit diesem Text sind Sie in der Entwicklung Ihres Denkens einen großen Schritt vorangekommen. Das Untersuchungsfeld war nicht mehr die ursprüngliche Erfahrung des Wahnsinns, sondern es ging um die Kriterien und die Organisation der Kultur und der Geschichte ...*

Ich sage das nicht, um mich von den Ergebnissen zu distanzieren, zu denen ich in dieser Arbeit gelangt bin. Aber *Die Ordnung der Dinge* ist nicht mein zentrales Buch, sondern eher ein marginales, wenn ich an die Leidenschaft denke, die den anderen zugrunde liegt. Merkwürdigerweise ist *Die Ordnung der Dinge* jedoch das Buch, das beim Publikum den größten Erfolg erlebte. Die Kritik war, von einigen Ausnahmen abgesehen, unglaublich heftig, und es hat sich besser verkauft als irgendeines meiner anderen Bücher, obwohl es das schwierigste ist. Ich sage das, um auf das Mißverhältnis zwischen dem Konsum theoretischer Literatur und der Kritik dieser Bücher in den französischen Intellektuellenzeitschriften hinzuweisen, wie es für die sechziger Jahre typisch war.

Mir ging es in diesem Buch darum, drei wissenschaftliche Praktiken zu vergleichen. Unter wissenschaftlicher Praxis verstehe ich eine bestimmte Art, Diskurse zu regeln und zu konstruieren, die einen bestimmten Objektbereich definieren und zugleich den Platz des idealen Subjekts festlegen, das diese Objekte erkennen soll und kann. Ich fand es recht eigentümlich, daß drei unterschiedliche Bereiche, die in keinem praktischen Verhältnis zueinander stehen – Naturgeschichte, Grammatik und politische Ökonomie –, was ihre Regeln betrifft, mehr oder weniger im gleichen Zeitraum entstanden sind, Mitte des siebzehnten Jahrhunderts, und am Ende des achtzehnten die gleiche Art von Transformation erfahren haben. Das war eine Arbeit des reinen Vergleichs zwischen heterogenen Praktiken. Es sollte also zum Beispiel nicht darum gehen, das Verhältnis zu charakterisieren, das möglicherweise zwischen dem Auftauchen der Analyse der Reichtümer und der Entwicklung des Kapitalismus besteht. Das Problem lag nicht darin, herauszubekommen, wie die politische Ökonomie entstand, sondern gemeinsame Punkte zwischen verschiedenen diskursiven Praktiken zu finden: eine komparative Analyse der Prozeduren, die innerhalb des wissenschaftlichen Diskurses ablaufen. Das war ein Problem, für das man sich damals, abgesehen von einigen Wissenschaftshistorikern, wenig interessierte. Grob gesagt, lautete und lautet bis heute die entscheidende Frage: Wie kann ein bestimmter Wissenstyp mit wissenschaftlichem Anspruch innerhalb einer realen Praxis auftauchen? Das ist auch heute noch ein aktuelles Problem, während die anderen nebensächlich erscheinen.

*Das entscheidende Problem ist die Herausbildung eines Wissens aus einer sozialen Praxis, die in der* Ordnung der Dinge *gleichwohl im Schatten blieb. Zu den schärfsten Spitzen der Kritik an dem Buch gehört, wie mir scheint, der Vorwurf des strukturalen Formalismus oder der Reduktion des Problems der Geschichte und der Gesellschaft auf eine Serie von Diskontinuitäten und Brüchen innerhalb der Struktur des Erkennens.*

Denen, die mich tadeln, daß ich dieses Problem nicht gestellt und mich ihm nicht gestellt habe, antworte ich, daß ich *Wahnsinn und Gesellschaft* geschrieben habe, damit man weiß, daß ich es nicht ignoriere. In der *Ordnung der Dinge* war davon nicht die Rede, einfach weil ich ein anderes Thema gewählt hatte. Man kann sich über die Berechtigung der Vergleiche streiten, die ich zwischen den verschiedenen diskursiven Praktiken angestellt habe, aber man muß dabei im Auge behalten, daß es mir darum ging, eine Reihe von Problemen sichtbar zu machen.

*In der* Ordnung der Dinge *reduzieren Sie den Marxismus letztlich auf eine Episode innerhalb der Epistemologie des neunzehnten Jahrhunderts. Es habe bei Marx keinen epistemologischen Bruch gegeben, der den Horizont einer ganzen Kultur verwandelte. Diese Unterbewertung des Marxschen Denkens und seiner revolutionären Tragweite rief lebhafte kritische Reaktionen hervor ...*

Über diesen Punkt gab es in der Tat eine heftige Auseinandersetzung: das war gleichsam eine Verletzung. In einer Zeit, in der es so sehr Mode geworden ist, Marx zu den schlimmsten Verantwortlichen der Gulags zu rechnen, könnte ich Anspruch darauf erheben, einer der ersten gewesen zu sein, der das gesagt hat. Aber das trifft nicht zu: ich habe meine Analyse auf die Marxsche politische Ökonomie beschränkt. Ich habe niemals vom Marxismus gesprochen, und wenn ich diesen Ausdruck gebraucht habe, so um damit die Theorie der politischen Ökonomie zu bezeichnen. Im Grunde glaube ich nicht, daß ich eine große Dummheit begangen habe mit der Behauptung, die marxistische Ökonomie gehöre – was ihre Grundbegriffe und die allgemeinen Regeln ihres Diskurses angeht – zu einem Typ diskursiver Formationen, der sich ungefähr zur Zeit Ricardos herauskristallisiert hat. Marx jedenfalls hat selbst gesagt, daß seine politische Ökonomie in ihren Grundprinzipien in der Schuld Ricardos steht.

*Was war das Ziel dieser eigentlich nur marginalen Bezugnahme auf den Marxismus? Haben Sie nicht den Eindruck, daß es ein bißchen zu hastig war, das Urteil über den Marxismus im beschränkten Rahmen einer Abschweifung von höchstens zehn oder zwölf Seiten zu fällen?*

Ich wollte auf eine gewisse hagiographische Verherrlichung der marxistischen politischen Ökonomie reagieren, die sich aus dem historischen Schicksal des Marxismus als einer politischen Ideologie erklärt, die im neunzehnten Jahrhundert entstand und ihre Wirkungen im zwanzigsten hatte. Dennoch gehorcht der ökonomische Diskurs von Marx den Formationsregeln, die für wissenschaftliche Diskurse im neunzehnten Jahrhundert eigentümlich waren. Das zu sagen ist nichts Ungeheuerliches. Es ist merkwürdig, daß die Leute das nicht ertragen haben. Die traditionellen Marxisten wollten nicht im mindesten dulden, daß man irgend etwas sagte, das Marx womöglich nicht die Position eines Gründervaters zugebilligt hätte. Aber sie waren damals gar nicht einmal die aggressivsten Kritiker; ich glaube sogar, daß diejenigen Marxisten, die sich am meisten für Fragen der ökonomischen Theorie interessierten, über meine Behauptungen gar nicht so empört waren. Wirklich schockiert waren die Neomarxisten, die sich damals gerade formierten und das im allgemeinen gegen die traditionellen Intellektuellen der französischen kommunistischen Partei taten. Verstehen wir darunter diejenigen, die in den Jahren nach 1968 zu Marxisten-Leninisten oder gar Maoisten werden sollten. Für sie war Marx Gegenstand eines höchst wichtigen theoretischen Kampfes, der natürlich gegen die bürgerliche Ideologie, aber auch gegen die kommunistische Partei geführt wurde, an der man ihre theoretische Trägheit und ihr Unvermögen kritisierte, irgend etwas außer Dogmen zu vermitteln.

Das war bei dieser ganzen Generation KP-oppositioneller Marxisten so, daß sie Marx als das Höchste verherrlichten und als Schwelle absoluter Wissenschaftlichkeit bewerteten, mit der sich die Weltgeschichte verändert habe. Sie haben mir nicht verziehen und schickten mir beleidigende Briefe ...

*Wenn Sie von Marxisten-Leninisten oder von Maoisten sprechen, an wen denken Sie insbesondere?*
An diejenigen, die nach dem Mai 68 hypermarxistische Diskurse führten und dafür sorgten, daß die Mai-Bewegung in Frankreich ein von Marx erborgtes Vokabular verbreitete, wie man es vorher nie gehört hatte, und die dann nach ein paar Jahren alles fallenließen. Mit anderen Worten, den Ereignissen des Mai 68 ging eine maßlose Marx-Begeisterung voraus, eine umfassende Hypermarxisierung, für die das, was ich schrieb, unerträglich war, und sei es auch nur die eng begrenzte Feststellung: daß es sich um eine politische Ökonomie ricardianischen Typs handelt.

*Trotzdem war diese Verweigerungshaltung unter den schon aufgezählten anscheinend die letzte, wenn man sie der Reihe nach betrachtet: das Thema Strukturalismus, die Widerstände einer bestimmten marxistischen Tradition, die Dezentrierung gegenüber der Philosophie des Subjekts...*
Und, wenn Sie so wollen, auch die Tatsache, daß man einen im Grunde nicht allzu ernst nehmen konnte, der sich einerseits mit dem Wahnsinn beschäftigte und andererseits eine Geschichte der Wissenschaften auf eine so bizarre und merkwürdige Weise rekonstruierte, gemessen an den Problemen, die man für wertvoll und wichtig hielt. All diese Gründe kamen zusammen und führten zu der großen Exkommunikation, dem Bann-

fluch, der von allen Seiten gegen *Die Ordnung der Dinge* geschleudert wurde: von *Les Temps modernes*, *Esprit*, *Le Nouvel Observateur*, von rechts, von links, von der Mitte. Von allen Seiten gab es Prügel. Eigentlich hätten sich von dem Buch nur zweihundert Exemplare verkaufen dürfen; tatsächlich waren es Zehntausende.

*Die zweite Hälfte der sechziger Jahre stellt einen entscheidenden Punkt in der Geschichte der europäischen Kultur dar, wenn man an die Umwälzungen denkt, die damals in der Luft lagen. Von einem historischen Verständnis dieser Zeit sind wir heute noch weit entfernt. War der Hypermarxismus wirklich ein Zeichen dafür, daß Marx für bestimmte Zwecke eingespannt wurde, oder eine authentische Wiederaufnahme des Marxschen Diskurses? Welche realen Prozesse liefen damals ab? Welcher Werthorizont tauchte damals auf? All das sind offene Probleme, die vielleicht noch nicht in den Begriffen formuliert worden sind, die man dafür braucht.*

Wenn man gründlicher verstehen will, was sich vor und nach 1968 abgespielt hat, muß man gewiß auch Überlegungen anstellen, wie Sie sie angedeutet haben. Ich würde sagen, wenn ich an diese Zeit zurückdenke, daß die damaligen Ereignisse nicht ihre richtige Theorie, ihr richtiges Vokabular gefunden hatten. Die Veränderungen, die im Gang waren, betrafen eine bestimmte Art Philosophie, eine bestimmte Art allgemeiner Reflexion, sogar eine bestimmte Art Kultur, grob gesagt: die der ersten Hälfte unseres Jahrhunderts. Die Dinge lösten sich auf, und es gab kein geeignetes Vokabular, um diesen Prozeß auszudrücken. Vielleicht war es so, daß die Leute in der *Ordnung der Dinge* etwas wiedererkannt haben, das irgendwie anders war, während sie gleichzeitig empört darüber waren, daß es nicht das Vokabular der aktuellen Ereignisse war.

Und was ereignete sich? Zum einen erlebte Frankreich das Ende der Kolonialepoche; und daß Frankreich im Machtgefüge der Weltordnung nur noch Provinz war, ist ein Punkt, den man nicht vernachlässigen darf in einem Land, dessen Kultur so stark auf nationale Begeisterung ausgerichtet war. Zum anderen die Desillusionierung über die Sowjetunion; immer deutlicher trat all das hervor, was man seit Tito, seit der Entstalinisierung, seit Budapest möglichst hatte vertuschen wollen. Es vollzog sich eine fortschreitende Umwälzung der Schemata und Werte, vor allem in den Milieus der Linken. Schließlich ist an den Algerienkrieg zu erinnern. Die meisten derer, die den Krieg am radikalsten bekämpften, waren bei uns Mitglieder der kommunistischen Partei oder standen ihr zumindest sehr nahe. Aber sie wurden bei diesen Aktionen von der Partei nicht unterstützt, die sich während des Krieges uneindeutig verhielt. Und dafür zahlte sie einen hohen Preis: indem sie zunehmend die Kontrolle über die jungen Leute, die Studenten, verlor, so daß es schließlich zu den großen Oppositionsbewegungen 1968-1970 kam. Mit dem Algerienkrieg ging übrigens in Frankreich eine lange Periode zu Ende, in der man auf der Linken naiv geglaubt hatte, kommunistische Partei, gerechter Kampf und gerechte Sache seien ein und dasselbe. Bis dahin kam man, selbst wenn man die Partei kritisierte, trotz allem zuletzt doch immer zu einer positiven Bilanz. Und das galt, alles in allem, auch für die Sowjetunion. Nach Algerien wurde diese Art unbedingter

Gefolgschaft brüchig. Natürlich war es nicht einfach, diese neue kritische Position zu formulieren, weil es an einem geeigneten Vokabular fehlte, sofern man nicht dasjenige übernehmen wollte, das die Kategorien der Rechten anboten.

Vor diesem Problem stehen wir noch immer. Und das ist einer der Gründe dafür, daß so viele Fragen durcheinandergerieten und daß die theoretischen Debatten ebenso hitzig wie konfus geführt wurden. Ich will damit sagen: den Stalinismus, die Politik der Sowjetunion, die Schwankungen der KPF in kritischen Begriffen zu denken, ohne dabei in die Sprache der Rechten zu verfallen – das war keine einfache Sache.

*Ich würde Ihnen zustimmen. Aber was das Vokabular angeht: Mit der* Archäologie des Wissens *nahmen Sie an der bis dahin erarbeiteten Begrifflichkeit der Episteme und der diskursiven Formulierungen eine nachträgliche Verschiebung vor, und zwar durch die Einführung des Begriffs der Aussage als der materiellen oder institutionellen Bedingung des wissenschaftlichen Diskurses. Glauben Sie nicht, daß dieser spürbare Orientierungswechsel – der auch Ihr gegenwärtiges Forschungsfeld noch zu bestimmen scheint – sich in gewisser Weise auch dem Klima, den theoretischen und praktischen Umwälzungen verdankt, die sich in den Jahren 1968-1970 vollzogen haben?*

Nein. Ich habe die *Archäologie des Wissens* vor 1968 geschrieben, auch wenn sie erst 1969 veröffentlicht wurde. Diese Arbeit war ein Echo auf die Diskussionen über den Strukturalismus, der – wie mir schien – in den Köpfen arge Verwirrung angerichtet hatte. Sie haben etwas weiter oben die Kritik Piagets an mir erwähnt. Nun, ich erinnere mich, daß gerade damals ein Schüler Piagets mir einen seiner Texte zusandte, in dem er darlegte, inwiefern bei mir eine Theorie des Strukturalismus fehle, auch wenn ich durchaus eine strukturale Analyse durchgeführt hätte. Einige Monate später veröffentlichte Piaget seinerseits ein Buch, in dem er von mir als einem Theoretiker des Strukturalismus sprach, bei dem freilich die Analyse der Strukturen fehle. Also genau das Gegenteil dessen, was sein Schüler meinte. Sie sehen, wenn nicht einmal ein Lehrer und sein Schüler sich darüber einigen können, was Strukturalismus und Struktur bedeuten, dann geht die Diskussion in die Irre und wird nutzlos. Selbst die Kritiker meiner Arbeiten wußten nicht recht, wovon sie redeten. Dabei habe ich selbst zu zeigen versucht, wie sich meine sämtlichen Arbeiten um eine Reihe ganz ähnlicher Probleme drehten: nämlich wie es möglich wäre, dieses eigenartige Objekt – die diskursiven Praktiken im Bezugssystem ihrer internen Regeln und der Bedingungen ihres Auftauchens – zu analysieren. So entstand die *Archäologie des Wissens*.

*Mit dem Jahr 1968 gewann eine andere theoretische Strömung an Wert und behauptete sich als Bezugspunkt von beträchtlicher Bedeutung für die Kultur der Jugend. Ich meine die Frankfurter Schule – Adorno, Horkheimer und vor allem Marcuse standen mit ihren Werken im Mittelpunkt der ideologischen Auseinandersetzungen der Studenten. Kampf gegen die Repression, Antiautoritarismus, Flucht aus der Zivilisation, radikale Negation des Systems: lauter Schlagworte, mit denen die Massen der jungen Leute in mehr oder weniger konfusen Debatten um sich warfen. Ich wüßte gern, wie sich Ihr Denken zu dieser theoretischen Strömung stellt, nicht zuletzt weil mir scheint, daß Sie diesen Punkt niemals direkt behandelt haben.*

Man müßte genauer in Erfahrung bringen, wie es geschehen konnte, daß die Frankfurter Schule in Frankreich so lange ignoriert werden konnte, obwohl mehrere ihrer Vertreter in Paris gearbeitet haben, nachdem der Nazismus sie von den deutschen Universitäten vertrieben hatte.

Erst im Zusammenhang mit dem Marcuseschen Denken und mit seinem »Freudomarxismus« begann man mit einem gewissen Nachdruck von der Frankfurter Schule zu reden. Was mich betrifft, wußte ich wenig darüber. Ich hatte einige Texte von Horkheimer gelesen, die aus einem breiteren Diskussionszusammenhang hervorgegangen waren; ich begriff nicht recht, worum es dabei ging, verspürte darin aber eine gewisse Nachlässigkeit im Umgang mit dem analysierten historischen Material. Ich begann mich für die Frankfurter Schule zu interessieren, nachdem ich ein sehr bemerkenswertes Buch von Otto Kirchheimer über die Mechanismen der Bestrafung gelesen hatte, das in den USA geschrieben worden war.

Heute habe ich begriffen, daß die Repräsentanten dieser Schule – früher als ich – Thesen vertraten, die auch ich seit Jahren geltend zu machen versuche. Das erklärt sogar eine gewisse Irritation bei einigen Leuten, als sie sahen, daß in Frankreich wenn nicht die gleichen, so doch ganz ähnliche Dinge getan wurden; schon um der Aufrichtigkeit und der theoretischen Fruchtbarkeit willen hätte man die Frankfurter Schule in Frankreich viel gründlicher zur Kenntnis nehmen und studieren müssen. Was mich betrifft, so glaube ich, daß die Philosophen dieser Schule Probleme gestellt haben, mit denen wir uns noch immer abmühen: insbesondere das der Machteffekte in Verbindung mit einer Rationalität, die sich historisch, geographisch, im Abendland vom sechzehnten Jahrhundert an, definiert hat. Ohne die Einübung dieser bestimmten Form von Rationalität hätte das Abendland seine eigentümlichen ökonomischen und kulturellen Erfolge nicht haben können. Wie wäre nun aber diese Rationalität von den Mechanismen, den Prozeduren, den Techniken, den Effekten der Macht zu trennen, die mit ihr einhergehen und die uns so unerträglich sind, daß wir sie als typische Form der Unterdrückung in den kapitalistischen und vielleicht auch in den sozialistischen Gesellschaften bezeichnen? Könnte man daraus nicht schließen, daß sich das Versprechen der Aufklärung, durch Ausübung der Vernunft die Freiheit zu gewinnen, sich in eine Herrschaft ebendieser Vernunft verkehrt hat, die immer mehr den Platz der Freiheit usurpiert? Das ist ein Grundproblem, mit dem wir uns alle herumschlagen, das sich vielen stellt, ob es nun Kommunisten sind oder nicht. Bekanntlich war es Horkheimer, der vor allen anderen dieses Problem herausgearbeitet und kenntlich gemacht hat; und es war die Frankfurter Schule, die von dieser Hypothese aus die Frage gestellt hat, wie sich Marx dazu verhält. Hat nicht Horkheimer behauptet, die klassenlose Gesellschaft, wie Marx sie sich vorgestellt habe, ähnele einer riesigen Fabrik?

*Sie legen dieser Denkströmung große Bedeutung bei. Worauf führen Sie es zurück, daß die Frankfurter Schule die theoretischen Resultate, die Sie eben kurz zusammengefaßt haben, vorwegnehmen beziehungsweise diese Einsichten gewinnen konnte?*

Ich glaube, die Philosophen der Frankfurter Schule hatten bessere Möglichkeiten in Deutschland, das, was in der Sowjetunion geschah, ganz aus der Nähe zu erkennen und zu analysieren. Und das im Rahmen eines heftigen und dramatischen politischen Kampfes, als der Nazismus die Weimarer Republik zu Grabe trug, in einer kulturellen Welt, in welcher der Marxismus und die theoretische Reflexion über Marx mehr als fünfzig Jahre lang Tradition hatten.

Wenn ich die Verdienste der Philosophen der Frankfurter Schule anerkenne, so tue ich es mit dem schlechten Gewissen von jemandem, der ihre Bücher früher hätte lesen, sie früher hätte verstehen sollen. Hätte ich ihre Bücher gelesen, so hätte ich eine Menge Dinge nicht sagen müssen, und mir wären Irrtümer erspart geblieben. Vielleicht wäre ich, wenn ich die Philosophen dieser Schule in meiner Jugend kennengelernt hätte, von ihnen so begeistert gewesen, daß ich nichts weiter hätte tun können, als sie zu kommentieren. Man weiß nicht, soll man über solche retrospektiven Einflüsse sich nun freuen oder betrübt sein, über Leute, die man erst nach der Zeit entdeckt, in der sie Einfluß auf einen hätten ausüben können?

*Bis jetzt haben Sie mir nur gesagt, was Sie an der Frankfurter Schule so fasziniert; doch ich wüßte gern, wie und warum Sie sich von ihr unterscheiden. Zum Beispiel stammt von den Frankfurter Philosophen und ihrer Schule eine deutliche Kritik am französischen Strukturalismus – ich erinnere Sie etwa an die Schriften von Alfred Schmidt zu Lévi-Strauss, zu Althusser und auch zu Ihnen, in denen Sie als jemand bezeichnet werden, der alles in allem »die Geschichte leugnet«.*

Gewiß gibt es Differenzierungen. Schematisch und vorläufig könnte man behaupten, daß die Konzeption des Subjekts, welche die Frankfurter Schule vertrat, eine ziemlich traditionelle, ihrem Wesen nach philosophische war; sie war weitgehend geprägt vom marxistischen Humanismus. Auf diese Weise erklärt sich ihre spezielle Anknüpfung an bestimmte Freudsche Begriffe, etwa das Verhältnis zwischen Entfremdung und Repression, zwischen Befreiung und der Aufhebung von Entfremdung und Ausbeutung. Ich glaube nicht, daß die Frankfurter Schule zugeben könnte, daß wir nicht unsere verlorene Identität wiederzufinden, unsere gefangene Natur zu befreien, unsere fundamentale Wahrheit herauszustellen haben, sondern vielmehr auf etwas ganz anderes zugehen müssen.

Wir umkreisen da einen Satz von Marx: Der Mensch erzeugt den Menschen. Wie ist das zu verstehen? Meiner Ansicht nach ist das, was erzeugt werden soll, nicht der Mensch, so wie ihn die Natur vorgezeichnet hat oder wie sein Wesen es vorschreibt; wir haben etwas zu schaffen, das noch nicht existiert und von dem wir nicht wissen können, was es sein wird.

Ich stimme, was das Wort »erzeugen« [*produire*] angeht, nicht mit denen überein, welche die Produktion des Menschen durch den Menschen nach dem Muster der Produktion des Wertes, der Produktion des Reichtums oder eines ökonomischen Gebrauchsgegenstands verstehen würden; es geht ebensosehr um die Zerstörung dessen, was wir sind, und um die Schöpfung von etwas ganz anderem, einer völligen Innovation. Nun scheint mir, daß die Vorstellung, die sich die Vertreter der Frankfurter Schule von dieser Erzeugung des Menschen durch den Menschen machten, wesentlich darin bestand, zu meinen, es müsse all das befreit werden, was in einem System, das Rationalität mit Repression verbindet, oder in einem Ausbeutungssystem, das mit einer Klassengesellschaft verbunden ist, den Menschen von seinem eigentlichen Wesen entfremdet hat.

*Der Unterschied liegt wahrscheinlich in der Weigerung oder in der Unfähigkeit der Philosophen dieser Schule, den Ursprung des Menschen in einem historisch-genealogischen Sinne statt in metaphysischen Begriffen zu denken. In Frage steht dabei das Thema beziehungsweise die Metapher vom Tod des Menschen.*

Wenn ich vom Tod des Menschen spreche, möchte ich allem ein Ende setzen, das dieser Erzeugung des Menschen durch den Menschen eine feste Erzeugungsregel, ein wesentliches Ziel vorgeben will. Als ich in der *Ordnung der Dinge* diesen Tod als etwas dargestellt habe, das sich in unserer Epoche vollzieht, habe ich mich getäuscht. Ich habe zwei Aspekte miteinander verwechselt. Der erste ist ein eher untergeordnetes Phänomen: die Feststellung, daß in den verschiedenen Humanwissenschaften, die sich entwickelt haben – eine Erfahrung, in die der Mensch seine eigene Subjektivität hineingelegt und in der er diese Subjektivität zugleich transformiert hat –, der Mensch am Ende seiner langen und verschlungenen Wege niemals sich selbst begegnet ist. Wenn es das Versprechen der Humanwissenschaften war, uns den Menschen zu entdecken, so haben sie es gewiß nicht gehalten; es handelte sich dabei eher um eine allgemeine kulturelle Erfahrung, nämlich die Konstitution einer neuen Subjektivität, vermittelt durch eine Operation, die das menschliche Subjekt auf ein Erkenntnisobjekt reduziert.

Der zweite Aspekt, den ich mit dem ersten verwechselt habe, besteht darin, daß die Menschen im Laufe ihrer Geschichte niemals aufgehört haben, sich selbst zu konstruieren, das heißt ihre Subjektivität beständig zu verschieben, sich in einer unendlichen und vielfältigen Serie unterschiedlicher Subjektivitäten zu konstituieren. Diese Serie von Subjektivitäten wird niemals zu einem Ende kommen und uns niemals vor etwas stellen, das ›der Mensch‹ wäre. Die Menschen treten ständig in einen Prozeß ein, der sie als Objekte konstituiert und sie dabei gleichzeitig verschiebt, verformt, verwandelt – und der sie als Subjekt umgestaltet. Das war es, was ich sagen wollte, als ich undeutlich und vereinfachend vom Tod des Menschen sprach; aber ich gebe nichts Grundsätzliches auf. An dieser Stelle besteht eine Unvereinbarkeit mit der Frankfurter Schule.

*Wie schlägt sich der Abstand zu den Vertretern der Frankfurter Schule, der sich im Verhältnis zum antihumanistischen Diskurs äußert, in der Art des Geschichtsverständnisses und in der Art der historischen Analyse nieder?*

Das Verhältnis zur Geschichte ist etwas, was mich an den Vertretern der Frankfurter Schule enttäuscht hat.

Mir schien, daß sie wenig Geschichte im eigentlichen Sinne treiben, daß sie sich auf Forschungen beziehen, die andere unternommen haben, auf die bereits vorliegende und beglaubigte Geschichtsschreibung einer Reihe guter, vorwiegend marxistisch gesinnter Historiker, die sie als Erklärungshintergrund anbieten. Einige von ihnen behaupten, ich leugnete die Geschichte. Sartre behauptet das, glaube ich, ebenfalls. Man könnte ihnen entgegnen, daß sie die Geschichte gierig verschlingen, die ihnen andere zubereitet haben. Sie verschlingen sie unzerkaut, als fertiges Produkt. Ich will damit nicht sagen, jeder müsse selbst die Geschichte konstruieren, die seinen Bedürfnissen entspricht; aber tatsächlich ist es so, daß ich mit den Arbeiten der Historiker nie ganz zufrieden war. Auch wenn ich auf viele historische Studien Bezug genommen und mich ihrer bedient habe, habe ich mir immer vorbehalten, in den Bereichen, die mich interessierten, die historischen Analysen selbst vorzunehmen.

Ich glaube, daß die Philosophen der Frankfurter Schule dagegen einem anderen Gedankengang folgen, wenn sie von der Geschichte Gebrauch machen; und zwar nehmen sie an, daß die Arbeit des Berufshistorikers ihnen gewissermaßen das materielle Fundament liefert, das Phänomene eines anderen Typs zu erklären vermag, solche zum Beispiel, die sie als soziologische oder psychologische bezeichnet haben. Eine derartige Haltung unterstellt zweierlei: Zum einen fällt das, worüber die Philosophen sprechen, nicht unter dieselbe Kategorie wie die erlebte Geschichte (was sich im Kopf von jemandem abspielt, ist ein soziales Phänomen, das ihm nicht zugehört); andererseits hat eine historische

Darstellung, sobald man eingeräumt hat, daß sie gut gemacht ist und von der Ökonomie spricht, von sich aus bereits den Wert einer Erklärung.

Eine solche Argumentation ist jedoch allzu bescheiden und gleichzeitig allzu leichtgläubig. Zu bescheiden, denn letztlich gehört das, was sich im Kopf eines einzelnen oder einer Reihe von Individuen abspielt und was in ihren Diskursen geschieht, ebensowohl zur Geschichte: etwas sagen ist ein Ereignis. Einen wissenschaftlichen Diskurs halten, das ist nichts, was in einen Bereich oberhalb oder außerhalb der Geschichte fiele, sondern gehört zur Geschichte ebenso wie eine Schlacht, die Erfindung einer Dampfmaschine oder eine Epidemie. Natürlich sind das Ereignisse unterschiedlichen Typs, aber es sind Ereignisse. Wenn irgendein Arzt dummes Zeug über den Wahnsinn äußert, gehört das ebenso zur Geschichte wie die Schlacht von Waterloo.

Zudem scheint mir – welche Bedeutung ökonomischen Analysen auch immer zukommen mag – die Annahme naiv, eine Analyse, die sich auf Veränderungen der ökonomischen Basis stützt, habe als solche bereits den Wert einer Erklärung (nebenbei gesagt, eine typische Naivität von Leuten, die keine Berufshistoriker sind). Das muß absolut nicht so sein. Ich nehme ein Beispiel: Vor einigen Jahren hat man sich mit einem gewissen Interesse gefragt, warum sich während des achtzehnten Jahrhunderts die Verbote auf sexuellem Gebiet so sehr vermehrt haben, insbesondere Verbote, welche die Masturbation bei Kindern betreffen. Manche Historiker wollten das Phänomen mit dem Hinweis darauf erklären, daß sich seinerzeit das Heiratsalter verschoben habe und die jungen Leute länger zölibatär leben mußten. Nun ist diese demographische Tatsache, die natürlich mit ökonomischen Gründen eng zusammenhängt, gewiß wichtig, sie erklärt aber nicht das Verbot: Warum sollte man einerseits im Jahr unmittelbar vor der Heirat mit der Masturbation beginnen? Und selbst wenn man zugibt, daß die Verschiebung des Heiratsalters große Massen junger Leute jahrelang zur Ehelosigkeit zwang, versteht man andererseits nicht, warum die Reaktion darauf eine Verschärfung der Repression sein mußte und nicht etwa größere sexuelle Freiheit. Es mag sein, daß das höhere Heiratsalter nebst allem, was diese Verzögerung mit der Produktionsweise verbinden mag, unentbehrlich ist, wenn es darum geht, das Phänomen verständlich zu machen. Doch wenn es sich um so komplexe Phänomene wie die Produktion eines Wissens oder eines Diskurses mit seinen inneren Mechanismen und Regeln handelt, ist eine solche Verständlichkeit viel schwieriger herzustellen. Wahrscheinlich wird man nicht zu einer einzigen, ausschließlichen Erklärung gelangen, die mit dem Begriff der Notwendigkeit operiert. Es wäre schon viel, wenn man eine Verbindungen zwischen dem, was man zu analysieren versucht, und einer ganzen Serie damit zusammenhängender Phänomene nachweisen könnte.

*Meinen Sie denn, daß die Ausführung einer theoretischen Reflexion immer mit einer bestimmten Ausarbeitung des historischen Materials verknüpft ist? Wäre Denken also nichts anderes als eine Weise, Geschichte zu schreiben oder zu interpretieren?*

Die Art von Verständlichkeit, die ich herstellen möchte, läßt sich nicht auf die Projektion einer Geschichte – sagen wir: einer ökonomisch-sozialen Geschichte – auf ein kulturelles Phänomen reduzieren, etwa so, daß dieses Phänomen als notwendiges und äußeres Produkt jener Ursache erkennbar würde. Es gibt keine einseitige Notwendigkeit: auch das kulturelle Produkt ist Teil des historischen Gewebes. Das ist der Grund, warum ich mich auch gehalten fühle, selbst historische Analysen anzustellen. Mich als jemanden darstellen, der die Geschichte leugnet, ist wirklich amüsant. Ich schreibe nichts als Geschichte. Die Geschichte zu leugnen heißt für sie, nicht jene unantastbare, heilige und alles erklärende Geschichte zu verwenden, die sie in Anspruch nehmen. Natürlich hätte ich, wenn ich gewollt hätte, in meinen Arbeiten auch die eine oder andere Seite eines Mathiez oder eines anderen Historikers zitieren können. Ich habe es nicht getan, weil ich nicht dieselbe Art von Analyse praktiziere. Das ist alles. Diese Vorstellung, ich lehnte die Geschichte ab, stammt weniger von Fachhistorikern als aus philosophischen Kreisen, wo man nicht sonderlich viel von dem gleichzeitig distanzierten und respektvollen Verhältnis versteht, das eine solche historische Analyse erfordert. Da sie ein solches Verhältnis zur Geschichte nicht gutheißen können, ziehen sie den Schluß, ich leugnete die Geschichte.

*Während des Mai 68 und unmittelbar danach nahmen in Paris zahlreiche französische Intellektuelle an den studentischen Kämpfen teil; eine Erfahrung, welche die Frage des Engagements, des Verhältnisses zur Politik, der Möglichkeiten und Grenzen kultureller Aktivitäten erneut und in neuen Begriffen stellte. Unter diesen Intellektuellen taucht Ihr Name nicht auf. Zumindest bis 1970 nahmen Sie an der Debatte nicht teil, die andere Gestalten der französischen intellektuellen Welt damals sehr berührte. Wie haben Sie den Mai 68 erlebt, und was hat er für Sie bedeutet?*

Im Mai 68 war ich, ebenso wie während des Algerienkrieges, nicht in Frankreich: immer ein bißchen zeitversetzt, am Rande. Wenn ich nach Frankreich zurückkehre, dann immer mit einem etwas fremden Blick, und was ich sage, findet nicht immer Anklang. Ich erinnere mich, daß Marcuse einmal in tadelndem Ton fragte, was Foucault während der Barrikaden des Mai gemacht habe. Nun, ich war in Tunesien. Und ich muß hinzufügen, daß das eine wichtige Erfahrung war.

Ich hatte im Leben Glück: In Schweden sah ich ein gut funktionierendes sozialdemokratisches Land; in Polen eine schlecht funktionierende Volksdemokratie. Ich habe die Bundesrepublik Deutschland während ihrer ökonomischen Expansion Anfang der sechziger Jahre unmittelbar erlebt. Und schließlich habe ich, zweieinhalb Jahre lang, in einem Land der dritten Welt gelebt, in Tunesien. Eine beeindruckende Erfahrung: Kurz vor dem französischen Mai gab es dort sehr heftige Studentenrevolten. Es war März 1968: Streiks, Vorlesungssprengungen, Festnahmen und einen Generalstreik der Studenten. Die Polizei drang in die Universität ein, knüppelte zahlreiche Studenten nieder, verletzte mehrere von ihnen und warf sie ins Gefängnis. Manche wurden zu acht, zehn und sogar vierzehn Jahren Gefängnis verurteilt. Einige sind immer noch dort.

In meiner Stellung als Professor, als Franzose, war ich in gewisser Weise vor den örtlichen Autoritäten sicher, was es mir leichtgemacht hat, eine Reihe von Aktionen zu unternehmen und gleichzeitig aufmerksam zu beobachten, wie die französische Regierung auf all das reagierte. Ich hatte eine genaue Vorstellung von dem, was in den Universitäten der Welt geschah.

Ich war tief beeindruckt von diesen Mädchen und diesen Jungen, die sich erheblichen Risiken aussetzten, wenn sie ein Flugblatt verfaßten, es verteilten oder zum Streik aufriefen. Das war für mich eine wirkliche politische Erfahrung.

*Wollen Sie sagen, daß Sie eine direkte politische Erfahrung gemacht haben?*

Ja. Von meiner Mitgliedschaft in der KPF ist mir an politischer Erfahrung – über all die Ereignisse hinweg, die im Laufe der Jahre folgten und über die ich mit Ihnen sprach – nur ein bißchen höchst spekulative Skepsis geblieben. Ich verhehle es nicht. Auch während des Algerienkrieges habe ich nicht direkt an politischen Aktionen teilnehmen können, und wenn ich es getan hätte, dann hätte ich damit nicht meine persönliche Sicherheit aufs Spiel gesetzt. In Tunesien dagegen sah ich mich veranlaßt, den Studenten Unterstützung zu leisten, aus nächster Nähe etwas ganz anderes kennenzulernen, etwas, das sich von all dem Brummen der Institutionen und der politischen Diskurse in Europa unterschied.

Ich denke beispielsweise an das, was der Marxismus bedeutete, die Art, wie er bei uns funktionierte, als wir in den Jahren 1950-1952 Studenten waren; ich denke an das, was er in einem Land wie Polen darstellte, wo ihn die meisten jungen Leute (unabhängig von ihren sozialen Verhältnissen) total verabscheuten, wo man ihn als Katechismus lehrte; ich erinnere mich auch an die kalten akademischen Diskussionen über den Marxismus, an denen ich Anfang der sechziger Jahre in Frankreich teilgenommen habe. In Tunesien dagegen beriefen sich alle auf den Marxismus, mit radikaler Gewalt und Intensität und mit beeindruckendem Elan. Für die jungen Leute stellte der Marxismus nicht nur eine bessere Weise dar, die Realität zu analysieren, sondern zugleich eine Quelle moralischer Energie, das Bekenntnis zu ihm war gleichsam ein existentieller Akt von außerordentlicher Tragweite. Ich fühlte mich überwältigt von Bitterkeit und Enttäuschung, wenn ich an die Diskrepanz dachte zwischen der Art, wie die tunesischen Studenten Marxisten waren, und dem, was ich vom Funktionieren des Marxismus in Europa (in Frankreich, Polen und in der Sowjetunion) wußte.

Sehen Sie, das bedeutete Tunesien für mich: ich mußte in die politische Debatte eintreten. Nicht im Mai 68 in Frankreich, sondern im März 68 in einem Land der dritten Welt.

*Sie räumen dem Charakter eines existentiellen Akts, der mit einer politischen Erfahrung verbunden ist, große Bedeutung ein. Warum? Haben Sie vielleicht den Eindruck, daß darin die einzige Gewähr für Authentizität liegt, und glauben Sie nicht, daß für die jungen Tunesier eine Verbindung zwischen ihrer ideologischen Wahl und der Entschlossenheit bestand, mit der sie handelten?*

Was kann in der heutigen Welt bei einem Individuum die Lust, die Neigung, die Fähigkeit und die Möglichkeit zu einem unbedingten Opfer wecken? Ohne daß man darin den geringsten Ehrgeiz oder den geringsten Wunsch nach Macht und Gewinn vermuten könnte? Das war es, was ich in Tunesien gesehen habe, den Beweis für die Notwendigkeit des Mythos, einer Spiritualität, die Unerträglichkeit bestimmter Situationen, die Kapitalismus, Kolonialismus und Neokolonialismus hervorrufen.

In einem solchen Kampf war die Frage des direkten, existentiellen, ich möchte sagen: physischen Engagements unumgänglich. Ich glaube nicht, daß die theoretische Bezugnahme dieser Kämpfe auf den Marxismus das Entscheidende war. Ich will sagen: die marxistische Schulung der tunesischen Studenten reichte nicht sehr tief, und sie bemühten sich auch nicht um deren Vertiefung. Die eigentliche Debatte zwischen ihnen über die Wahl von Taktik und Strategie, über das, wofür sie sich entscheiden mußten, ging an den verschiedenen Deutungen des Marxismus vorbei. Wichtig war etwas ganz anderes. Ohne eine politische Ideologie oder eine politische Weltanschauung wäre der Kampf zweifellos nicht ausgebrochen; dagegen waren die Exaktheit der Theorie und ihre Wissenschaftlichkeit völlig zweitrangige Fragen, die eher als Trugbild dienten denn als Anweisung zu korrektem und richtigem Verhalten.

*Fanden Sie nicht auch in Frankreich die Zeichen dieser lebendigen und unmittelbaren Teilnahme, die Sie in Tunesien erfahren hatten? Welche Beziehungen haben Sie zwischen diesen beiden Erfahrungen hergestellt?*

*Was brachte Sie nach dem Mai zu dem Entschluß, mit den studentischen Kämpfen in Kontakt zu treten, einen Dialog zu entwickeln, Vergleiche zu ziehen, die Sie schließlich dazu veranlassen sollten, bei verschiedenen Gelegenheiten Stellungnahmen abzugeben und sich direkt in Bewegungen wie derjenigen der* Groupe d'information sur les prisons *über die Situation in den Gefängnissen zu engagieren – an der Seite von Intellektuellen wie Sartre, Jean-Marie Domenach und Maurice Clavel?*

Als ich im November-Dezember 1968 nach Frankreich zurückkehrte, war ich eher überrascht, erstaunt und sogar enttäuscht, gemessen an dem, was ich in Tunesien erlebt hatte. Wie gewaltsam, wie leidenschaftlich die Kämpfe auch geführt worden sein mögen, sie hatten doch niemals denselben Preis, kosteten niemals dieselben Opfer. Es gibt keinen Vergleich zwischen den Barrikaden des Quartier Latin und dem realen Risiko, wie in Tunesien, fünfzehn Jahre Gefängnis zu bekommen. In Frankreich war die Rede von Hypermarxismus, von Entfesselung der Theorien, von Verdammungen, von Sektenbildung. Das war genau das Gegenteil, das Umgekehrte, der Gegensatz zu dem, was mich in Tunesien so leidenschaftlich erregt hatte.

Das erklärt vielleicht die Einstellung, mit der ich von da an die Dinge zu betrachten versucht habe, meinen Abstand zu jenen unendlichen Diskussionen, jener hypertrophen Marxisierung, jener nicht zu stillenden Diskursivität, die 1969 das universitäre Leben kennzeichnete, vor allem in Vincennes. Ich habe versucht, Dinge zu tun, welche ein persönliches, physisches und reales Engagement voraussetzten und die Probleme in konkreten, präzisen, situativ definierten Begriffen stellten.

Erst aus dieser Perspektive könnte man sich an die erforderlichen Analysen machen. Ich habe mit der Arbeit in der G.I.P. über die Probleme der Gefangenen versucht, eine Grunderfahrung zu machen. Ein bißchen war es für mich auch die Gelegenheit, an dem weiterzuarbeiten, was mich in Untersuchungen wie *Wahnsinn und Gesellschaft*, *Die Geburt der Klinik* und während meiner Erfahrungen in Tunesien beschäftigt hatte.

*Wenn Sie den Mai 68 ins Gedächtnis zurückrufen, sprechen Sie darüber immer in einem Ton, der dazu neigt, die Tragweite dieses Ereignisses herunterzuspielen; Sie scheinen an ihm nur die groteske, ideologisierende Seite zu sehen. Auch wenn es richtig ist, seine Grenzen zu betonen, vor allem die Beschränktheiten der Sektenbildung, glaube ich doch nicht, daß man das Phänomen dieser Massenbewegung, die sich in fast ganz Europa gezeigt hat, unterbewerten dürfte.*

Der Mai 68 hat, ohne jeden Zweifel, ganz außerordentliche Bedeutung gehabt. Ohne den Mai 68 hätte ich gewiß niemals geschrieben, was ich über das Gefängnis, die Delinquenz, die Sexualität geschrieben habe. In dem Klima vor 1968 war das nicht möglich. Ich wollte nicht sagen, der Mai 68 habe für mich keine Bedeutung gehabt; aber manche seiner besonders ins Auge stechenden, ganz oberflächlichen Aspekte Ende 1969 und Anfang 1969 waren mir völlig fremd. Was wirklich im Spiel war und was die Dinge wirklich verändert hat, war in Frankreich und in Tunesien im Grunde das gleiche. Nur endete die Sache in Frankreich damit, daß der

Mai 68 sich gewissermaßen gegen sich selbst kehrte und verschüttet wurde unter der Bildung von Sekten und der Pulverisierung des Marxismus in kleine Dogmengebäude, die einander in Grund und Boden verdammten. Aber letztlich hatten sich die Dinge in einer solchen Weise geändert, daß ich mich bei der Rückkehr nach Frankreich diesmal wohler fühlte als in den Jahren 1962 und 1966. Die Sachen, mit denen ich mich beschäftigte, begannen Gemeingut zu werden. Probleme, die in der Vergangenheit kein Echo gefunden hatten, allenfalls in der englischen Antipsychiatrie, gewannen Aktualität. Doch um weiterzukommen, um den Diskurs zu vertiefen, mußte ich zuerst diese zugleich harte und zerspaltene Kruste der Grüppchen und der unendlichen theoretischen Diskussionen durchstoßen. Mir schien künftig eine neue, veränderte Art von Beziehungen und von gemeinsamer Arbeit zwischen Intellektuellen und Nicht-Intellektuellen möglich.

*Aber auf welchen Grundlagen, mit welchen Diskursen und welchen Inhalten wurde dieses Verhältnis hergestellt, nachdem es keine gemeinsame Sprache mehr gab?*

Es stimmt, ich habe nicht das Vokabular benutzt, das damals am meisten *en vogue* war. Ich bin anderen Wegen gefolgt. Und trotzdem gab es in gewissem Sinne Berührungspunkte: es gelang, sich auf der Ebene konkreter Sorgen, realer Probleme verständlich zu machen. So kam es, daß sich eine Menge von Leuten leidenschaftlich erregten, wenn von den Irrenanstalten, vom Wahnsinn, von den Gefängnissen, von der Stadt, von der Medizin, vom Leben, vom Tod, von all den ganz konkreten existentiellen Aspekten die Rede war, die so viele theoretische Fragen aufwarfen.

*Ihre Inauguralvorlesung am Collège de France, die danach unter dem Titel* Die Ordnung des Diskurses *veröffentlicht wurde, datiert von 1970. Ausgehend von einer Analyse der Ausschließungsverfahren, die den Diskurs kontrollieren, beginnen Sie in dieser akademischen Abhandlung damit, deutlicher als zuvor das Verhältnis zwischen Wissen und Macht zu bestimmen. Die Frage der Herrschaft, welche die Macht auf die Wahrheit ausübt, also die Frage nach dem Willen zur Wahrheit, bezeichnet eine neue, wichtige Etappe Ihres Denkens. Wie kamen Sie dazu, dieses Problem in diesen Begriffen zu stellen oder vielmehr zu lokalisieren? Und wie, glauben Sie, traf sich die Thematik der Macht, so wie Sie sie entwickelt haben, mit den Bestrebungen der Bewegung der jungen Leute von 1968?*

Worum ging es mir während meines ganzen bisherigen Lebens? Was bedeutete dieses tiefe Unbehagen, das ich in der schwedischen Gesellschaft verspürte? Und das Unbehagen, das ich in Polen empfand? Viele Polen gaben durchaus zu, daß die materiellen Lebensbedingungen gegenüber früheren Zeiten besser geworden seien. Ich frage mich auch, was dieser Elan einer radikalen Revolte bedeuten sollte, den die Studenten von Tunis gezeigt hatten.

Worum ging es dabei jedesmal? Um die Art und Weise der Machtausübung, nicht nur der Staatsmacht, sondern auch derjenigen, die sich über andere Institutionen oder Formen des Zwangs durchsetzt, eine Art permanenter Unterdrückung im Alltagsleben. Was man kaum ertrug, was unablässig in Frage gestellt wurde, was jenes Unbehagen hervorrief und worüber man seit zwölf Jahren nicht gesprochen hatte, das war die Macht. Und nicht nur die Staatsmacht, sondern diejenige, die im Inneren des Gesellschaftskörpers ausgeübt wird, über ganz unterschiedliche Kanäle, Formen und Institutionen. Man wollte nicht mehr regiert werden – im weiten Sinne des Wortes Regierung. Ich spreche nicht von der Staatsregierung in dem Sinne, den der Ausdruck im öffentlichen Recht hat, sondern von jenen Menschen, die unser alltägliches Leben mit Hilfe von Befehlen, Anweisungen, direkten oder indirekten Einflüssen – etwa denen der Medien – lenken. Als ich *Wahnsinn und Gesellschaft* schrieb, als ich an der *Geburt der Klinik* arbeitete, glaubte ich eine genealogische Geschichte des Wissens zu schreiben. Aber der eigentliche rote Faden war dieses Problem der Macht.

Im Grunde habe ich nichts anderes unternommen als den Versuch, zu verfolgen, wie eine bestimmte Anzahl von Institutionen, die im Namen von Vernunft und Normalität zu funktionieren beginnen, ihre Macht auf Gruppen von Individuen ausgeübt haben, auf deren Verhaltensweisen, Seinsweisen, Weisen des Handelns und Sprechens, die als Anomalie, Wahnsinn, Krankheit und so weiter konstituiert werden. Im Grunde habe ich nichts anderes geschrieben als eine Geschichte der Macht. Heute sind sich alle einig, daß es sich beim Mai 68 um eine Rebellion gegen eine ganze Reihe von Formen der Macht gehandelt habe, die mit besonderer Intensität auf bestimmte Altersklassen in bestimmten sozialen Milieus ausgeübt wurde. Aus all diesen Erfahrungen, meinen eingeschlossen, tauchte ein Wort auf, ähnlich denen, die mit unsichtbarer Tinte geschrieben wurden und auf dem Papier sichtbar werden, wenn man es mit dem richtigen Reagens behandelt: das Wort Macht.

*Seit Beginn der siebziger Jahre bis heute haben Sie Ihren Diskurs über die Macht und die Machtbeziehungen in Artikeln, Interviews, Dialogen mit Studenten, jungen linksradikalen Aktivisten, Intellektuellen präzisiert. Diese Serie von Reflexionen haben Sie dann auf einigen Seiten des Buches* Der Wille zum Wissen *zusammengefaßt. Ich möchte Sie fragen, ob wir hier ein neues Erklärungsprinzip des Realen vor uns haben, wie viele bemerkt haben, oder ob es sich um etwas anderes handelt.*

Es gab grobe Fehldeutungen, vielleicht habe ich mich aber auch schlecht ausgedrückt. Ich habe niemals behauptet, die Macht sei das, was alles erklärt. Mein Problem bestand nicht darin, an die Stelle einer ökonomischen Erklärung eine Erklärung durch die Macht zu setzen. Ich habe versucht, die verschiedenen Analysen, die ich zur Frage der Macht angestellt habe, zu koordinieren, zu systematisieren, ohne ihnen das zu rauben, was an ihnen noch empirisch, das heißt, was an ihnen gewissermaßen noch blind war.

Für mich ist die Macht das, was es zu erklären gilt. Wenn ich mir die Erfahrungen vergegenwärtige, die ich in den heutigen Gesellschaften gemacht habe, oder die historischen Forschungen, die ich durchgeführt habe, stoße ich immer wieder auf die Frage der Macht. Kein theoretisches System – sei es die Geschichtsphilosophie, die allgemeine Theorie der Gesellschaft oder sogar die politische Theorie – vermag diese Frage angemessen zu behandeln, jene Machttatsachen, Machtmechanismen, Machtbeziehungen zu erklären, die im Problem des Wahnsinns, der Medizin, des Gefängnisses und so weiter am Werk sind. Mit den Machtbeziehungen, diesem Bündel empirischer Tatsachen, auf die noch wenig Licht gefallen ist, habe ich mich herumzuschlagen versucht: als etwas, was erklärungsbedürftig war, und gewiß nicht als Erklärungsprinzip für alles andere. Doch ich bin erst am Anfang meiner Arbeit, ich bin damit natürlich noch nicht fertig. Auch deshalb verstehe ich nicht, wie man hat sagen können, für mich sei die Macht eine Art abstraktes Erklärungsprinzip, das sich als solches aufzwingt, für das ich aber selbst wiederum keinerlei Rechenschaft gebe.

Aber das hat bisher niemand getan. Ich gehe schrittweise vor, prüfe nacheinander verschiedene Bereiche, um zu sehen, wie sich eine allgemeine Konzeption der Beziehungen zwischen der Konstitution eines Wissens und der Ausübung von Macht entwickeln ließe. Ich stehe erst ganz am Anfang.

*Eine der Bemerkungen, die man über die Art und Weise machen könnte, wie Sie das Thema der Macht angehen, lautet folgendermaßen: Die extreme Parzellierung oder Lokalisierung der Fragen führt letztlich dazu, daß jeder Übergang von einer, sagen wir, korporativen Dimension in der Analyse der Macht zu einer Gesamtschau, in der das spezielle Problem seinen Platz findet, unmöglich wird.*

Das ist eine Frage, die mir häufig gestellt wird: Sie werfen begrenzte Probleme auf, beziehen aber niemals

Stellung zu Gesamtentscheidungen. Gewiß, die Probleme, die ich formuliere, betreffen immer begrenzte und spezielle Fragen. Das gilt für den Wahnsinn und die psychiatrischen Institutionen oder auch für die Gefängnisse. Wenn wir Probleme streng, präzise und in einer Weise stellen wollen, in denen sie sich ernsthaft untersuchen lassen, muß man sie dann nicht gerade in ihren eigentümlichsten und konkretesten Formen aufsuchen? Mir scheint, daß keiner der vorliegenden großen Diskurse über die Gesellschaft überzeugend genug ist, daß man ihm vertrauen könnte. Wenn man andererseits wirklich etwas Neues errichten will oder jedenfalls möchte, daß sich die großen Systeme einer Reihe von realen Problemen öffnen, muß man die Gegebenheiten und die Fragen dort suchen, wo sie sind. Und im übrigen bezweifle ich, daß der Intellektuelle mit seinem Buchwissen und seiner akademisch-gelehrten Forschung allein die wirklichen Probleme der Gesellschaft, in der er lebt, formulieren kann. Im Gegenteil, eine der ersten Formen der Zusammenarbeit mit Nicht-Intellektuellen besteht gerade darin, ihre Probleme anzuhören und mit ihnen an der Formulierung dieser Probleme zu arbeiten: Was sagen die Irren? Wie sieht das Leben in einem psychiatrischen Krankenhaus aus? Welche Arbeit tut ein Krankenpfleger? Wie reagieren sie?

*Vielleicht habe ich mich schlecht ausgedrückt. Ich bestreite nicht die Notwendigkeit, begrenzte und, wenn es sein muß, sogar radikal begrenzte Probleme zu stellen. Erst recht bin ich empfänglich für das, was Sie über die intellektuelle Arbeit sagen. Trotzdem scheint mir, daß eine gewisse partikularisierende Behandlungsweise der Probleme am Ende die Möglichkeit beseitigt, sie mit anderen zu einem Gesamtbild einer bestimmten historischen und politischen Situation zusammenzufügen.*

Man kommt aus theoretischen und politischen Gründen nicht darum herum, die Probleme zu lokalisieren. Aber das bedeutet nicht, daß sie keine allgemeinen Probleme wären. Was wäre letztlich in einer Gesellschaft allgemeiner als die Art, wie sie ihr Verhältnis zum Wahnsinn bestimmt? Wie sie sich als vernünftig reflektiert? Wie sie der Vernunft und ihrer Vernunft Macht verleiht? Wie konstituiert sie ihre Rationalität, und wie bringt sie es fertig, diese für die Vernunft schlechthin auszugeben? Wie etabliert sie im Namen der Vernunft die Macht der Menschen über die Dinge? Immerhin ist das eine der allgemeinsten Fragen, die man einer Gesellschaft nach ihrem Funktionieren und ihrer Geschichte stellen kann. Oder: Wie grenzt man das, was legal ist, von dem ab, was es nicht ist? Die Macht, die dem Gesetz verliehen ist, die Effekte der Aufteilung, die das Gesetz in eine Gesellschaft einführt, die Zwangsmechanismen, die das Funktionieren des Gesetzes stützen, gehören ebenso zu den allgemeinsten Fragen, die man einer Gesellschaft stellen kann. Es ist gewiß richtig, daß ich die Probleme in lokalen Begriffen formuliere; aber ich glaube, daß es mir dadurch möglich wird, Probleme sichtbar werden zu lassen, die mindestens ebenso allgemein sind wie diejenigen, die man als solche zu betrachten gewohnt ist. Ist die Herrschaft der Vernunft letztlich nicht ebenso allgemein wie die Herrschaft der Bourgeoisie?

*Wenn ich von einem Gesamtbild sprach, so meinte ich damit im wesentlichen die politische Dimension eines Problems und seine notwendige Eingliederung in eine Aktion oder in ein Programm, die einerseits breiter angelegt, andererseits mit bestimmten historisch-politischen Kontingenzen verbunden sind.*

Die Allgemeinheit, die ich sichtbar zu machen versuche, ist von anderer Art. Und wenn man mir vorwirft, nur lokale Probleme zu formulieren, so verwechselt man den lokalen Charakter meiner Analysen, die Probleme sichtbar machen sollen, mit einer bestimmten Allgemeinheit, die gewöhnlich die Historiker, die Soziologen, die Ökonomen und so weiter ansetzen.

Die Probleme, die ich formuliere, sind nicht weniger allgemein als jene, die von den politischen Parteien oder von den großen theoretischen Institutionen formuliert werden, die festlegen, welches die großen gesellschaftlichen Probleme sind. Es ist zum Beispiel nie vorgekommen, daß die kommunistischen oder die sozialistischen Parteien bei ihrer Arbeit die Analyse der Macht der Vernunft über die Unvernunft auf die Tagesordnung gesetzt hätten. Vielleicht ist das nicht ihre Aufgabe. Aber wenn das nicht ihr Problem ist, ist das ihre nicht unbedingt meines.

*Was Sie sagen, ist völlig akzeptabel. Aber mir scheint, Sie bestätigen eine gewisse Abgeschlossenheit oder einen gewissen Unwillen dagegen, Ihren Diskurs genau zur Ebene der Politik hin zu öffnen ...*

Aber wie kommt es, daß die großen theoretisch-politischen Apparate, welche die Kriterien für den Konsens in unserer Gesellschaft festlegen, niemals auf so allgemeine Probleme reagiert haben, wie ich sie formuliere? Wenn ich das Problem des Wahnsinns aufgeworfen habe, das ein generelles Problem in jeder Gesellschaft und ein besonders wichtiges in der Geschichte der unsrigen ist: wie kommt es, daß man darauf zuerst mit Schweigen und dann mit ideologischer Verdammung reagiert hat? Wenn ich, neben anderen, versucht habe, in Zusammenarbeit mit denen, die aus dem Gefängnis kamen, in Zusammenarbeit mit Bewährungshelfern und mit den Familien von Inhaftierten, das Problem des Gefängniswesens in Frankreich konkret zu stellen – wissen Sie, wie die KPF darauf geantwortet hat? Eine ihrer lokalen Tageszeitungen aus der Pariser Banlieue hat die Frage gestellt, warum wir noch nicht ins Gefängnis gesteckt worden seien, wir, die wir diese Arbeit taten, und welche Beziehungen wir zur Polizei haben müßten, wenn diese uns tolerierte.

Darum sage ich: »Wie kann man mir vorwerfen, keine allgemeinen Probleme zu formulieren, niemals Stellung zu beziehen zu den großen Fragen, die von den großen politischen Parteien aufgeworfen werden?« In Wirklichkeit formuliere ich allgemeine Probleme, und man überhäuft mich mit Bannflüchen; und wenn man dann merkt, daß Bannflüche nichts bewirken, oder wenn man vielmehr zugestehen muß, daß die aufgeworfenen Problemen eine gewisse Bedeutung haben, dann hält man mir vor, nicht imstande zu sein, eine ganze Reihe von Fragen eben in allgemeinen Begriffen zu stellen. Aber ich lehne diese Art von Allgemeinheit ab, die im übrigen, so wie sie angelegt ist, in erster Linie dazu dient, entweder mich in die Probleme einzumauern, die ich formuliere, oder mich von der Arbeit auszuschließen, die ich tue. Ich bin es, der ihnen die Frage stellt: Warum verweigert ihr euch den Problemen, die ich aufwerfe?

*Ich kenne die Episode nicht, die Sie mir eben über Ihre Arbeit an den Problemen des Gefängniswesens berichtet haben. Jedenfalls ging es mir nicht um Ihre Beziehungen zur französischen Politik, insbesondere zur Politik der KPF. Meine Frage war allgemeiner. Jedes lokalisierte Problem erfordert stets Lösungen, seien sie auch provisorisch und nicht von Dauer, in politischen Begriffen. Daraus erwächst die Notwendigkeit, die Sichtweise einer bestimmten Analyse am Maßstab der realen Möglichkeiten zu überprüfen, so daß sich zwischen beiden ein Veränderungs- und Transformationsprozeß entwickeln kann. In dieser Balance zwischen lokalisierter Situation und allgemeinem Rahmen liegt die Aufgabe der Politik.*

Auch das ist eine Bemerkung, die mir gegenüber oft gemacht wird: »Sie sagen nie, was Ihre konkreten Lösungen für die Probleme wären, die Sie formulieren; Sie machen keine Vorschläge. Die politischen Parteien sind dagegen gezwungen, sich zu dieser oder jener Situation zu verhalten; Sie, mit Ihrer Haltung, helfen ihnen dabei nicht.« Ich werde darauf antworten: Aus Gründen, die zutiefst mit meiner politischen Wahl – im weiten Sinne des Wortes – zusammenhängen, will ich auf keinen Fall die Rolle von jemandem spielen, der Lösungen vorgibt. Ich bin der Ansicht, daß die Rolle des Intellektuellen heute nicht darin besteht, das Gesetz zu machen, Lösungen vorzuschlagen, zu prophezeien; denn in dieser Funktion trägt er zwangsläufig dazu bei, eine bestimmte Machtsituation zu zementieren, die meines Erachtens kritisiert werden muß.

Ich verstehe, warum die politischen Parteien es vorziehen, Beziehungen zu Intellektuellen zu unterhalten, die Lösungen anbieten. Auf diese Weise können sie mit ihnen Beziehungen von gleich zu gleich herstellen; der Intellektuelle macht einen Vorschlag, die Partei kritisiert ihn oder formuliert einen anderen. Ich lehne das Funktionieren des Intellektuellen als Alter ego, als Double und zugleich als Alibi der politischen Partei ab.

*Aber glauben Sie nicht, daß Ihnen – mit Ihren Schriften, Ihren Artikeln, Ihren Interviews – eine Rolle zukommt, egal welche, und welche wäre das?*

Meine Rolle besteht darin, effektiv und möglichst rigoros Fragen zu stellen; Fragen, die so komplex und so diffizil sind, daß eine Lösung nicht mit einem Schlag aus dem Kopf irgendeines reformerischen Intellektuellen oder aus dem Kopf des Politbüros einer Partei entspringen kann. Die Fragen, die ich zu stellen versuche und die so verwickelt sind wie das Verbrechen, der Wahnsinn, der Sex, Dinge zudem, die unser alltägliches Leben berühren, sind nicht leicht zu lösen. Es bedarf jahrelanger, jahrzehntelanger Arbeit an der Basis mit den direkt Betroffenen, die das Recht haben müssen, selbst das Wort zu ergreifen, und es bedarf politischer Phantasie. Vielleicht wird es dann gelingen, eine Situation zu erneuern, die – so, wie sie heute formuliert wird – nur in Sackgassen und Blockaden führt. Ich hüte mich, Gesetze zu geben. Ich versuche eher, Probleme zu formulieren, sie wirken zu lassen, sie in einer Komplexität darzustellen, welche die Propheten und die

Gesetzgeber zum Schweigen bringt, all jene, die für die anderen und vor den anderen sprechen. Folglich kann auch erst dann die Komplexität des Problems in seiner Verbindung mit dem Leben der Leute sichtbar werden, und erst dann kann sich auch die Legitimität einer gemeinsamen Arbeit erweisen – über konkrete Fragen, schwierige Fälle, Revolten, Reflexionen, Zeugnisse der Betroffenen. Es geht darum, wenn nicht Lösungen zu finden, so doch Schritt für Schritt spürbare Modifikationen zu bewirken, zumindest die Gegebenheiten des Problems zu verändern.

Es ist eine gesellschaftliche Arbeit, der ich den Weg bahnen möchte, eine Arbeit innerhalb des Körpers der Gesellschaft und an der Gesellschaft. Ich möchte selbst an dieser Arbeit teilnehmen, ohne Verantwortung an irgendeinen Spezialisten zu delegieren, an mich sowenig wie an andere. So handeln, daß sich im Inneren der Gesellschaft selbst die Gegebenheiten des Problems verändern und die Sackgassen sich öffnen. Kurz, Schluß machen mit den Wortführern.

*Ich will Ihnen ein konkretes Beispiel nennen. Vor zwei oder drei Jahren war die italienische Öffentlichkeit erschüttert über den Fall eines Jungen, der seinen Vater getötet und damit einer tragischen Geschichte von Schlägen und Erniedrigungen ein Ende gesetzt hatte, denen er und seine Mutter ausgesetzt waren. Wie wäre über diesen Mord zu urteilen, in diesem Falle begangen von einem Minderjährigen auf dem Höhepunkt einer Serie unerhörter väterlicher Gewalttaten? Ratlosigkeit der Richter und Staatsanwälte, die öffentliche Meinung tief gespalten, hitzige Diskussionen. Das ist eine Situa-*

*tion, in der man eine Lösung finden muß, gewiß eine vorläufige, für ein höchst delikates Problem. Und da kommt es nun darauf an, Gegensätzliches abzuwägen und eine politische Wahl zu treffen. Der minderjährige Mörder erhielt, gemessen an den geltenden Strafbestimmungen, eine verhältnismäßig niedrige Strafe; und natürlich streitet man immer noch darüber. Müßte man nicht in derartigen Situationen Stellung beziehen?*

Ich wurde von Italien um Erklärungen zu dieser Affäre gebeten. Ich habe geantwortet, daß ich die Situation nicht kennte. Aber etwas Ähnliches ist in Frankreich passiert. Ein junger Mann von dreißig Jahren hatte zuerst seine Frau getötet, dann ein zwölfjähriges Mädchen zum Analverkehr gezwungen und ihm dann mit Hammerschlägen den Rest gegeben. Nun hatte der Mörder mehr als fünfzehn Jahre in psychiatrischen Anstalten verbracht (ungefähr vom zehnten bis zum fünfundzwanzigsten Lebensjahr): die Gesellschaft, die Psychiater, die medizinischen Institutionen hatten ihn für unzurechnungsfähig erklärt, indem sie ihn in Verwahrung nahmen und ihn sein Leben unter abscheulichen Bedingungen führen ließen. Er kam heraus und beging zwei Jahre später jenes schreckliche Verbrechen. Also jemand, der, bis gestern für unzurechnungsfähig erklärt, nun mit einemmal verantwortlich sein soll. Aber das Erstaunlichste an dieser Affäre ist, daß der Mörder erklärte: »Es stimmt, ich bin verantwortlich; ihr habt aus mir ein Ungeheuer gemacht, und da ich ein Ungeheuer bin, schlagt mir folglich den Kopf ab.« Er wurde zu »lebenslänglich« verurteilt. Nun war es so, daß ich in meinem Seminar am Collège de France mehrere Jahre lang die Probleme psychiatrischer Gutachten behandelt hatte; einer der Anwälte des Mörders, der mit mir zusammengearbeitet hatte, bat mich, in der Presse zu intervenieren und zu diesem Fall Stellung zu nehmen. Ich habe abgelehnt, ich hätte mich nicht wohl dabei gefühlt. Welchen Sinn hätte es gehabt, Prophezeiungen zu machen oder den Richter zu spielen? Ich habe meine politische Rolle gespielt, indem ich das Problem in seiner ganzen Komplexität sichtbar gemacht habe, indem ich Zweifel geweckt und Unsicherheiten hervorgerufen habe, so daß sich heute kein Reformer, kein Präsident einer psychiatrischen Standesvereinigung mehr hinstellen und sagen kann: »Das und das ist zu tun.« Heute stellt sich das Problem unter Bedingungen, wie sie noch über Jahre hinweg wirken und Unbehagen schaffen werden. Dabei werden viel radikalere Veränderungen herauskommen, als wenn man mich gebeten hätte, an der Ausarbeitung eines Gesetzes mitzuwirken, das die Frage der psychiatrischen Gutachten regelt.

Das Problem ist komplizierter und reicht tiefer. Es hat den Anschein einer technischen Frage; aber dabei ist nicht nur das ganze Problem der Beziehungen zwischen Medizin und Justiz im Spiel, sondern auch das der Beziehungen zwischen dem Gesetz und dem Wissen, das heißt der Art und Weise, wie ein wissenschaftliches Wissen innerhalb eines Systems, des juristischen Systems, funktionieren kann. Ein gewaltiges, ungeheures Problem. Ich meine: Was bedeutet es, wenn man die Tragweite dieses Problems darauf reduziert, daß man irgendeinem Gesetzgeber – handele es sich um einen Philosophen oder einen Politiker – die Aufgabe zuweist, ein neues Gesetz abzufassen? Entscheidend ist, daß der kaum überwindliche Konflikt zwischen dem Gesetz und dem Wissen so lange durchgespielt und im Innersten der Gesellschaft ausgetragen wird, bis sie ein anderes Verhältnis zum Gesetz und zum Wissen definiert.

*Ich wäre nicht so optimistisch, was die Chancen eines solchen Automatismus angeht, den Sie sich wünschen und der dazu führen müßte, die Balance zwischen dem Gesetz und dem Wissen neu auszutarieren, vermittelt durch eine Bewegung innerhalb der bürgerlichen Gesellschaft ...*

Ich habe nicht von bürgerlicher Gesellschaft gesprochen. Ich halte den theoretischen Gegensatz zwischen Staat und bürgerlicher Gesellschaft, an dem die politische Theorie seit hundertfünfzig Jahren laboriert, für nicht sonderlich fruchtbar. Einer der Gründe, die mich dazu bewogen haben, die Frage der Macht gewissermaßen in ihrem eigenen Milieu zu stellen, dort, wo sie ausgeübt wird, ohne nach einer allgemeinen Formel oder nach den Grundlagen der Macht zu suchen, ist gerade der, daß ich den Gegensatz zwischen einem Staat, der als Besitzer der Macht seine Souveränität über die bürgerliche Gesellschaft ausübt, und einer Gesellschaft, die eigentlich nur Inhaber solcher Machtprozesse ist, ablehne. Nach meiner Hypothese ist die Opposition zwischen Staat und bürgerlicher Gesellschaft nicht relevant.

*Wie dem auch sei, fürchten Sie nicht, daß Ihr Vorschlag, indem er in gewisser Weise der politischen Dimension ausweicht, letztlich eine Art Ablenkung von den kon-*

*tingenten und komplexen Einsätzen darstellt, die sich in der Gesellschaft stellen, die sich aber auch auf der Ebene der Institutionen und der Parteien unmittelbar niederschlagen?*

Ein alter Tadel linker Sekten: Wenn Sie nicht dasselbe tun wie wir, betreiben Sie ideologische Diversion. Die Probleme, mit denen ich mich beschäftige, sind allgemeine Probleme. Wir leben in einer Gesellschaft, in der die Bildung, die Zirkulation und Konsumtion des Wissens eine fundamentale Gegebenheit sind. Wenn die Kapitalakkumulation eines der Grundmerkmale unserer Gesellschaft war, so verhält es sich mit der Wissensakkumulation nicht anders. Nun sind aber die Anwendung, die Produktion, die Akkumulation des Wissens nicht zu trennen von den Mechanismen der Macht, mit denen sie komplexe Beziehungen unterhalten, die analysiert werden müssen. Seit dem sechzehnten Jahrhundert hat man stets angenommen, daß die Entfaltung der Formen und Inhalte des Wissens eine der größten Freiheitsgarantien für die Menschheit sei. Dies ist eines der großen Postulate unserer Zivilisation, die sich über die ganze Welt verbreitet hat. Dennoch hat bereits die Frankfurter Schule festgestellt, daß die Formulierung der großen Wissenssysteme auch Unterwerfungseffekte hatte und Herrschaftsfunktionen ausübte. Das führt zu einer vollständigen Revision des Postulats, dem zufolge die Entwicklung des Wissens einen Garanten der Freiheit darstellt. Ist das etwa kein allgemeines Problem?

*Glauben Sie, Probleme dieser Art zu stellen heiße, von denen abzulenken, welche die politischen Parteien stellen? Zweifellos lassen sie sich demjenigen Typus* von Allgemeinheiten, welche die politischen Parteien formulieren, nicht ohne weiteres assimilieren. Die Parteien akzeptieren im Grunde nur Allgemeinheiten, die so kodiert sind, daß sie in ein Programm eingehen können, um die herum sich ihre jeweilige Klientel sammeln kann und die zu der Wahltaktik der betreffenden Partei passen. Aber man kann nicht hinnehmen, daß Probleme als marginal, als lokal betrachtet und der ideologischen Diversion verdächtigt werden, nur weil sie nicht im Filter der von den politischen Parteien akzeptierten und kodifizierten Allgemeinheiten hängenbleiben.

*Wenn Sie die Frage der Macht behandeln, nehmen Sie offenbar nicht direkt Bezug auf den Unterschied zwischen den Wirkungen, in denen sich die Macht im Inneren der Staaten und der verschiedenen Institutionen äußert. In diesem Sinne ist behauptet worden, die Macht habe für Sie kein Gesicht, sei allgegenwärtig. Sollte es also keinen Unterschied etwa zwischen einem totalitären Regime und einem demokratischen Regime geben?*

In *Überwachen und Strafen* habe ich zu zeigen versucht, wie ein bestimmter Machttyp, der über die Erziehung und über die Persönlichkeitsbildung auf die Individuen wirkt, im Abendland nicht nur mit der Geburt einer Ideologie, sondern auch einer Regierungsform liberalen Typs einhergeht. In anderen politischen und sozialen Systemen – in der bürokratischen Monarchie oder im Feudalsystem – wäre keine derartige Ausübung von Macht über die Individuen möglich gewesen. Ich analysiere stets sehr genaue und genau lokalisierte Phänomene: zum Beispiel die Bildung von Disziplinensystemen im Europa des achtzehnten Jahrhunderts. Ich tue das nicht, um zu sagen, die westliche Zivilisation sei in jeder Hinsicht eine Zivilisation der Disziplinierung. Die Disziplinensysteme werden von bestimmten Leuten auf bestimmte andere angewandt. Ich mache einen Unterschied zwischen Regierenden und Regierten. Ich bemühe mich zu erklären, warum und wie diese Systeme in welcher Zeit, in welchem Land, zur Erfüllung welcher Bedürfnisse entstanden sind. Ich spreche nicht von Gesellschaften, die weder Geographie noch Kalender haben. Ich sehe wirklich nicht, wie man mir vorhalten könnte, ich träfe keine Unterscheidung beispielsweise zwischen totalitären Regimes und solchen, die es nicht sind. Im achtzehnten Jahrhundert gab es keine totalitären Regimes im modernen Sinne.

*Wenn man aber Ihre Forschung als eine Erfahrung der Modernität betrachten wollte, welche Lehre könnte man daraus ziehen? Denn indem die großen Fragen des Verhältnisses zwischen Wissen und Macht – als in den demokratischen Gesellschaften und in den totalitären Gesellschaften gleichermaßen ungelöste Fragen – reformuliert werden, würde letztlich keine substantielle Unterscheidung zwischen diesen und jenen getroffen. Anders gesagt, die Machtmechanismen, die Sie analysieren, sind in allen Gesellschaftstypen der modernen Welt dieselben oder fast dieselben.*

Wenn man einen solchen Einwand gegen mich erhebt, muß ich an jene Psychiater denken, die nach der Lektüre von *Wahnsinn und Gesellschaft* – ein Buch, das Argumente aus dem achtzehnten Jahrhundert behandelt –

sagten: »Foucault greift uns an.« Es ist nun wahrlich nicht meine Schuld, wenn sie sich in dem, was ich geschrieben hatte, wiedererkannten. Das beweist ganz einfach, daß sich eine ganze Reihe von Dingen nicht geändert hat.

Als ich das Gefängnisbuch schrieb, machte ich selbstverständlich keinerlei Anspielung auf die Gefängnisse der Volksdemokratien oder der Sowjetunion; mein Thema war das Frankreich des achtzehnten Jahrhunderts, genau gesagt: zwischen 1760 und 1840. Die Analyse endet im Jahre 1840. Trotzdem wird mir entgegengehalten: »Sie machen keinen Unterschied zwischen einem totalitären Regime und einer demokratischen Regierungsform!« Wie kommen Sie darauf? Eine solche Reaktion beweist nur, daß das, was ich sage, letztlich als aktuell betrachtet wird. Sie können es in die Sowjetunion oder in ein westliches Land verlegen, darauf kommt es nicht an, das ist Ihre Sache. Ich dagegen bemühe mich zu zeigen, wie sehr es sich um historische, in einer bestimmten Epoche situierte Probleme handelt.

Davon abgesehen glaube ich allerdings, daß die Techniken der Macht im Laufe der Geschichte übertragbar sind, von der Armee zur Schule und so weiter. Ihre Geschichte ist relativ autonom gegenüber der Entwicklung der ökonomischen Prozesse. Denken Sie an die Techniken, die in den Sklavenkolonien in Lateinamerika eingesetzt wurden und die man im Frankreich oder im England des neunzehnten Jahrhunderts wiederfinden kann. Es besteht also eine relative, keine absolute Autonomie der Machttechniken. Aber ich habe niemals behauptet, daß ein Machtmechanismus genüge, um eine Gesellschaft hinreichend zu charakterisieren.

Die Konzentrationslager? Man sagt, sie seien eine englische Erfindung; aber das heißt nicht und legitimiert nicht die Behauptung, England sei ein totalitäres Land. Wenn es in der europäischen Geschichte ein Land gibt, das nicht totalitär war, dann gerade England. Aber es hat die Konzentrationslager erfunden, die eines der wichtigsten Instrumente der totalitären Regimes waren. Da haben Sie ein Beispiel für eine Übertragung von Machttechniken. Aber ich habe nie gesagt und nie auch nur mit dem Gedanken gespielt, die Existenz von Konzentrationslagern in demokratischen wie in totalitären Ländern könne bedeuten, es gebe zwischen diesen und jenen keine Unterschiede.

*Einverstanden. Aber denken Sie einen Augenblick an die politische Funktionalisierung, an die Rückwirkungen Ihres Diskurses auf die Bildung des gesunden Menschenverstandes. Führt nicht vielleicht die strenge, aber derart begrenzte Analyse der Technologien der Macht zu einer Art »Indifferentismus« gegenüber den Werten, den großen Entscheidungen zwischen den verschiedenen politischen und sozialen Systemen unserer Zeit?*

Es gibt eine gewisse Tendenz, ein bestimmtes politisches Regime im Namen der Prinzipien, von denen es sich leiten läßt, von allem freizusprechen, was es zu tun imstande ist. Die Demokratie oder vielmehr ein bestimmter, im neunzehnten Jahrhundert entstandener Liberalismus hat Techniken extremen Zwangs entwickelt, die gewissermaßen das Gegengewicht zu der ansonsten eingeräumten ökonomischen und sozialen

Freiheit bildeten. Natürlich konnte man die Individuen nicht befreien, ohne sie zu dressieren. Ich sehe nicht, wieso man die Besonderheit einer Demokratie verkennen sollte, wenn man sagt, wie und warum sie diese Techniken brauchte. Daß diese Techniken von Regimes totalitären Typs vereinnahmt wurden, die sie in einer bestimmten Weise einsetzten, ist möglich und führt nicht dazu, den Unterschied zwischen den beiden Regimes zu nivellieren. Man kann nicht von einem Unterschied der Werte sprechen, wenn dieser sich nicht in einer analysierbaren Differenz äußert. Es geht nicht, zu sagen: »Dies ist besser als jenes«, wenn man nicht sagt, worin dies besteht und worin jenes.

Als Intellektueller will ich weder Prophezeiungen machen noch den Moralisten spielen und verkünden, die westlichen Länder seien besser als die des Ostens oder dergleichen. Die Leute sind politisch und moralisch erwachsen geworden. Es ist ihre Sache, individuell und kollektiv eine Wahl zu treffen. Es ist wichtig zu sagen, wie ein bestimmtes Regime funktioniert, worin es besteht, und eine ganze Reihe von Manipulationen und Mystifikationen zu verhindern. Aber die Wahl müssen die Leute selbst treffen.

*Vor zwei oder drei Jahren hat sich die Mode der »neuen Philosophen« in Frankreich ausgebreitet: eine kulturelle Strömung, die man mit einem Wort vielleicht so charakterisieren könnte, daß sie sich auf einer Linie der Politikverweigerung ansiedelt. Wie standen Sie zu ihnen? Wie beurteilten Sie sie?*

Ich weiß nicht, was die neuen Philosophen vertreten. Ich habe nicht viel von ihnen gelesen. Man schreibt ihnen die These zu, es gebe keinen Unterschied: die Herren blieben immer die Herren, und wir säßen in der Falle, was auch immer geschehe. Ich weiß nicht, ob das wirklich ihre These ist. Jedenfalls ist es absolut nicht meine. Ich versuche, möglichst präzise und differenzierte Analysen vorzunehmen, um zu zeigen, wie sich die Dinge verändern, transformieren, verschieben.

Wenn ich die Machtmechanismen studiere, versuche ich sie in ihrer Spezifität zu studieren; nichts ist mir fremder als der Gedanke eines Herrn, der Ihnen sein eignes Gesetz aufzwingt. Ich akzeptiere weder die Vorstellung der Herrschaft noch der Universalität des Gesetzes. Ich bin vielmehr bestrebt, Mechanismen der effektiven Machtausübung zu erfassen; und ich tue es, weil diejenigen, die in diese Machtbeziehungen eingebunden sind, die in sie verwickelt sind, in ihrem Handeln, in ihrem Widerstand und in ihrer Rebellion diesen Machtbeziehungen entkommen können, sie transformieren können, kurz, ihnen nicht mehr unterworfen sein müssen. Und wenn ich nicht sage, was zu tun ist, so nicht, weil ich glaubte, es gebe nichts zu tun. Im Gegenteil, ich denke, daß es tausend Dinge zu tun, zu erfinden, zu planen gibt von denen, die – in Kenntnis der Machtbeziehungen, in die sie verwickelt sind – beschlossen haben, ihnen zu widerstehen oder ihnen zu entkommen. So gesehen beruht meine gesamte Forschung auf dem Postulat eines unbedingten Optimismus. Ich unternehme meine Analysen nicht, um zu sagen: seht, die Dinge stehen so und so, ihr sitzt in der Falle. Sondern weil ich meine, daß das, was ich sage, geeignet ist, die Dinge zu ändern. Ich sage alles, was ich sage, damit es nützt.

*Ich möchte Sie jetzt an den Inhalt eines Briefes erinnern, den Sie am 1. Dezember 1978 an L'Unità geschickt haben; Sie äußern darin vor allem Ihre Bereitschaft zu einer Begegnung und einer Diskussion mit italienischen kommunistischen Intellektuellen über eine ganze Reihe strittiger Fragen. Ich zitiere aus Ihrem Brief: »Funktionsweise der kapitalistischen und der kommunistischen Staaten, die Gesellschaftstypen, die diesen verschiedenen Ländern eigen sind, das Ergebnis der revolutionären Bewegungen in der Welt, die Organisation der Strategie der Parteien in Westeuropa, die Entwicklung der Repressionsapparate, die mehr oder weniger überall stattfindet, der Sicherheitsinstitutionen, das schwierige Verhältnis zwischen lokalen Kämpfen und globalen Einsätzen ...« Eine solche Diskussion solle nicht polemisch sein und auch nicht dazu dienen, Gräben zwischen den Lagern und den Rednern aufzureißen, die Differenzen, die sie trennen, hervorzukehren und folglich die unterschiedlichen Dimensionen ihrer Forschung ins Licht zu rücken. Ich möchte Sie fragen, ob Sie den Sinn Ihres Vorschlags präzisieren könnten.*

Es handelt sich um Themenvorschläge als Grundlage einer möglichen Diskussion. Mir scheint in der Tat, daß sich hinter der gegenwärtigen ökonomischen Krise und den großen Gegensätzen und Konflikten, die zwischen reichen und armen Nationen (industrialisierten und nichtindustrialisierten Ländern) absehbar werden, eine Krise der Regierung abzeichnet. Unter Regierung verstehe ich die Gesamtheit der Institutionen und Praktiken, mittels deren man die Menschen lenkt, von der Verwaltung bis zur Erziehung. Diese Gesamtheit von Prozeduren, Techniken, Methoden, welche die Lenkung der Menschen untereinander gewährleisten, scheint mir heute in die Krise geraten zu sein, und zwar sowohl in der westlichen wie in der sozialistischen Welt. Auch dort empfinden die Leute die Weise, wie man sie lenkt, immer unbehaglicher, schwieriger, unerträglicher. Dieses Phänomen äußert sich in Formen des Widerstands, manchmal der Revolte, und richtet sich auf Fragen, die ebensowohl alltägliche Dinge wie große Entscheidungen betreffen: den Bau von Atomfabriken oder die Einordnung der Leute in einen ökonomisch-politischen Block, in dem sie sich nicht wiedererkennen. Ich glaube, daß man in der Geschichte des Abendlands eine Periode finden kann, die der unseren ähnelt, auch wenn sich die Dinge natürlich nicht wiederholen, nicht einmal die Tragödien in Form der Komödie: nämlich das Ende des Mittelalters. Vom fünfzehnten zum sechzehnten Jahrhundert bemerkt man eine völlige Reorganisation der Regierung der Menschen, jenen Aufruhr, der zum Protestantismus geführt hat, zur Bildung der großen Nationalstaaten, zur Konstitution der autoritären Monarchien, zur Verteilung der Territorien unter der Autorität der Verwaltungen, zur Gegenreformation, zu der neuen weltlichen Präsenz der katholischen Kirche. All das war gewissermaßen eine große Umgestaltung der Art und Weise, wie die Menschen regiert wurden, sowohl in ihren individuellen wie in ihren sozialen, politischen Beziehungen. Mir scheint, daß wir uns erneut in einer Krise der Regierung befinden. Sämtliche Prozeduren, mit denen die Menschen einander führen, sind erneut in Frage gestellt worden, natürlich nicht von denen, die die Führung innehaben, die regieren, selbst wenn sie nicht umhinkönnen, die Schwierigkeiten zur Kenntnis zu nehmen. Wir stehen vielleicht am Beginn einer großen krisenhaften Neueinschätzung des Problems der Regierung.

*Bei solcher Art Forschung sind, wie Sie bemerkt haben, »die Instrumente der Analyse unzuverlässig, wenn sie nicht gar fehlen«. Und die Ausgangspunkte, von denen aus bestimmte Analysen durchgeführt, von denen aus Orientierungen gewonnen und Urteile getroffen werden können, sind völlig unterschiedlich. Andererseits wünschen Sie sich eine Konfrontation, die über Polemiken hinausginge.*

Ich war Zielscheibe manchmal heftiger Angriffe von seiten französischer und italienischer kommunistischer Intellektueller. Da ich nicht Italienisch spreche und oft nicht verstehe, worauf ihre Kritiken hinauswollen, habe ich ihnen nie geantwortet. Aber heute, da sie den Willen erkennen lassen, auf bestimmte stalinsche Methoden in den theoretischen Diskussionen zu verzichten, möchte ich ihnen vorschlagen, jenes Spiel aufzugeben, in dem der eine etwas sagt, was der andere als Aussage eines Ideologen der Bourgeoisie, eines Klassenfeindes denunziert, und statt dessen eine ernsthafte Debatte zu beginnen. Wenn man zum Beispiel anerkennt, daß das, was ich über die Krise der Technik des Regierens [*gouvernementalité*] sage, ein wichtiges Problem darstellt, warum sollte man das nicht als Ausgangspunkt einer vertieften Debatte benutzen? Davon abgesehen glaube ich, daß die italienischen Kommunisten mehr als die französischen bereit sind, eine ganze Reihe von Problemen aufzunehmen, die beispielsweise die Medizin, die lokale Verwaltung der ökonomischen und sozialen Probleme, also konkrete Probleme betreffen, die auf das allgemeinere Problem des Verhältnisses zwischen Gesetzgebung und Normalisierung, Gesetz und Norm, Justiz und Medizin in den gegenwärtigen Gesellschaften verweisen. Warum sollte man darüber nicht miteinander sprechen?

*Aber noch einmal zur Frage der Polemik: Sie haben gleichfalls darauf hingewiesen, daß Sie jene Art von Diskussionen nicht lieben und nicht hinnehmen wollen, »die den Krieg imitieren und die Justiz parodieren«. Können Sie genauer erklären, was Sie damit meinen?*

Das Modell des Krieges sitzt wie ein Parasit auf den Diskussionen über politische Themen: Wer abweichende Ideen hat, wird als Klassenfeind identifiziert, gegen den man kämpfen muß bis zum Sieg. Dieses große Thema des ideologischen Kampfes bringt mich zum Lächeln, wenn ich bedenke, daß die theoretischen Bindungen eines jeden, in ihrer Geschichte betrachtet, eher konfus und schwankend sind und nicht die Klarheit einer Grenze haben, hinter die man den Feind zurücktreiben möchte. Dieser Kampf, den man gegen den Feind zu führen versucht, dient er nicht letztlich dazu, den kleinen, eher belanglosen Reibereien ein wenig Ernst zu verleihen? Ist es nicht so, daß sich die Intellektuellen vom ideologischen Kampf ein politisches Gewicht erhoffen, das ihre reale Bedeutung übersteigt? Bestünde Ernsthaftigkeit nicht vielmehr darin, daß alle sich der Forschung widmen, einer neben dem anderen, ohne daß sich die Standpunkte genau decken? Wer lange genug proklamiert: »Ich kämpfe gegen einen Feind«, wird der diesen »Feind« dann nicht auch als solchen behandeln, wenn es – was jederzeit geschehen kann – tatsächlich zu einer kriegerischen Situation kommt? Diese Bahn führt geradewegs in die Unterdrückung, sie ist gefährlich. Ich verstehe durchaus, daß ein Intellektueller den Wunsch hegen kann, von einer Partei oder in einer Gesellschaft ernst genommen zu werden, indem er gegen einen ideologischen Gegner Krieg spielt. Aber das scheint mir gefährlich. Man sollte lieber annehmen, daß diejenigen, mit denen man uneinig ist, sich getäuscht haben oder daß man selbst nicht verstanden hat, worauf sie hinauswollten.

# Andrea Hemminger
# Bibliographie der deutschsprachigen Publikationen Michel Foucaults

### 1963

1. »Wächter über die Nacht der Menschen«, in: Hans Ludwig Spegg (Hg.), *Unterwegs mit Rolf Italiaander: Begegnungen, Betrachtungen, Bibliographie*, Hamburg: Freie Akademie der Kunst 1963, S. 46-49.

### 1965

2. »Die Spuren des Wahnsinns«, in: *Kursbuch*, Nr. 3, 1965, S. 1 bis 11. Erstveröffentlichung: »La folie, l'absence d'œuvre«, in: *La table Ronde*, n° 196, *Situation de la psychiatrie*, mai 1964, p. 11-21.

### 1966

3. »Die Prosa Aktaions«, übersetzt von Sigrid von Massenbach, in: Pierre Klossowski, Maurice Blanchot, Michel Foucault, Gilles Deleuze u. a., *Pierre Klossowski oder Die Sprachen des Körpers. Marginalien zu »Die Gesetze der Gastfreundschaft«*, Reinbek bei Hamburg 1966, S. 5-18. (Neuveröffentlichung des Bandes unter dem Titel: *Sprachen des Körpers*, Berlin 1983, S. 25-38.)
Erstveröffentlichung: »La prose d'Actéon«, in: *La Nouvelle Revue Française*, n° 135, mars 1964, p. 444-449 (sur Pierre Klossowski).

### 1968

4. *Psychologie und Geisteskrankheit*. Übersetzt von Anneliese Botond, Frankfurt am Main 1968.

Titel der französischen Originalausgabe: *Maladie mentale et psychologie*. Paris 1955. (Völlig veränderte Fassung von *Maladie mentale et personnalité*, Paris 1954.)
5. *Wahnsinn und Gesellschaft. Eine Geschichte des Wahns im Zeitalter der Vernunft*, übersetzt von Ulrich Köppen, Frankfurt am Main 1968. (Die deutsche Ausgabe wurde mit dem Einverständnis Michel Foucaults geringfügig gekürzt.)
Titel der französischen Originalausgabe: *Folie et déraison. Histoire de la folie à l'age classique*. Paris 1961.

1969

6. »Absage an Sartre«, übersetzt von Marie Wendt, in: Günther Schiwy (Hg.), *Der französische Strukturalismus*. Reinbek bei Hamburg 1969, S. 203-207.
Erstveröffentlichung: »Entretien avec Madeleine Chapsal«, in: *La Quinzaine Littéraire*, n° 5, 16 mai 1966, p. 14-15.

1970

7. »Antwort auf eine Frage«, übersetzt von Günther Schiwy, in: *Linguistik und Didaktik*, Nr. 3 und 4, München 1970, S. 228-239 und S. 313-324.

1971

8. *Die Ordnung der Dinge. Eine Archäologie der Humanwissenschaften*, übersetzt von Ulrich Köppen, Frankfurt am Main 1971. Mit einem Vorwort von Michel Foucault.
Titel der frz. Originalausgabe: *Les mots et les choses. Une archéologie des sciences humaines*, Paris 1966.

1972

9. »Über die Volksjustiz«, übersetzt von Sybil Bebermeyer, in: *Neuer Faschismus, Neue Demokratie. Über die Legalität des Faschismus im Rechtsstaat*, Berlin 1972, S. 115-143.
Erstveröffentlichung: »Sur la justice populaire. Débat avec les

Maos (entretien avec Gilles [Philippe Gavi] et Pierre Victor), in: *Temps modernes*, n° 310, 5 février 1972: »Nouveau fascisme, nouvelle démocratie«, p. 355-366.

10. »Die große Einsperrung« (Gespräch mit Niklaus Meienberg), in: *Tages Anzeiger Magazin*, Nr. 12, 25. März 1972, S. 15, 17, 20, 37.

1973

11. *Die Geburt der Klinik. Eine Archäologie des ärztlichen Blicks*, übersetzt von Walter Seitter, München 1973.
Titel der frz. Originalausgabe: *Naissance de la clinique. Une archéologie du regard médical*, Paris 1963.

12. »Die Ordnung der Dinge«, übersetzt von Britta Reif-Willenthal und Friedrich Griese, in: Adelbert Reif (Hg.), *Antworten der Strukturalisten*, Hamburg 1973, S. 147-156.
Erstveröffentlichung: »Les mots et les choses« (entretien avec Raymond Bellour), in: *Les lettres Françaises*, n° 1125, 31 mars – 6 avril 1966, p. 3-4. Wieder in: R. Bellour, *Le livre des autres*, Paris 1971, p. 135-144.

13. »Über verschiedene Arten, Geschichte zu schreiben«, übersetzt von Britta Reif-Willenthal und Friedrich Griese, in: Adelbert Reif (Hg.), *Antworten der Strukturalisten*, Hamburg 1973, S. 157-175.
Erstveröffentlichung: »Sur les façons d'écrire l'histoire« (entretien avec Raymond Bellour), in: *Les Lettres Françaises*, n° 1187, 15-21 juin 1967, p. 6-9. Wieder in: R. Bellour, *Le livre des autres*. Paris 1971, p. 189-207.

14. »Strukturalismus und Geschichte«, übersetzt von Britta Reif-Willenthal und Friedrich Griese, in: Adelbert Reif (Hg.), *Antworten der Strukturalisten*, Hamburg 1973, S. 176 bis 184.
Erstveröffentlichung: »Foucault répond à Sartre« (entretien avec Jean-Pierre Elkabbach), in *La Quinzaine Littéraire*, n° 46, 1-15 mars 1968, p. 20-22.

15. »Gefängnisse und Gefängnisrevolten« (Interview mit Bodo Morawe), in: *Dokumente: Zeitschrift für übernationale Zusammenarbeit*, 29. Jg., Nr. 2, Juni 1973, S. 133-137.

## 1974

16. *Die Ordnung des Diskurses*, übersetzt von Walter Seitter, München 1974.
    Titel der frz. Originalausgabe: *L'ordre du discours*, Paris 1971.
17. *Dies ist keine Pfeife*, übersetzt von Walter Seitter. München 1974.
    Titel der frz. Originalausgabe: *Ceci n'est pas une pipe*, Paris 1973.
18. *Schriften zur Literatur*, übersetzt von Karin Hofer und Anneliese Botond, München 1974. Mit folgenden Titeln:
18.1 »Was ist ein Autor?«, S. 7-31.
    Erstveröffentlichung: »Qu'est-ce qu'un auteur?«, in: *Bulletin de la Société française de la philosophie*, 63° année, n° 3, juillet-septembre 1969, p. 73-95, suivi d'une discussion p. 96-104 (Société française de la philosophie, 22 février 1969).
18.2 »Vorwort zu den ›Dialogues‹ von Rousseau«, S. 32-52.
    Erstveröffentlichung: »Introduction« zu: Jean-Jacques Rousseau, *Rousseau juge de Jean-Jacques. Dialogues*, Paris 1962, p. vii-xxiv.
18.3 »Ein so grausames Wissen«, S. 53-68.
    Erstveröffentlichung: »Un si cruel savoir«, in: *Critique*, n° 182, juillet 1962, p. 597-611 (sur Claude Crébillon, *Les égarements du cœur et de l'esprit*; J. A. Sévroni de Saint-Syr, *Pauliska ou la perversité moderne*).
18.4 »Zum Begriff der Übertretung«, S. 69-89.
    Erstveröffentlichung: »Préface à la transgression«, in: *Critique*, n° 195-196, Hommage à G. Bataille, août-septembre 1963, p. 751-769.
18.5 »Das unendliche Sprechen«, S. 90-103.
    Erstveröffentlichung: »Le langage à l'infini«, in: *Tel Quel*, n° 15, automne 1963, p. 44-53.
18.6 »Aktaions Prosa«, S. 104-118.
    Erstveröffentlichung: siehe 3.
18.7 »Der Wahnsinn, das abwesende Werk«, S. 119-129.
    Erstveröffentlichung: »La folie, l'absence d'oeuvre«, in: *La*

*Table Ronde*, n° 196, Situation de la psychiatrie, mai 1964, p. 11-21. (Repris in: *Histoire de la folie à l'âge classique*, 2° édition, Paris 1972, appendice I, p. 575-582).

18.8 »Das Denken des Draußen«, S. 130-156.
Erstveröffentlichung: »La pensée du dehors«, in: *Critique*, n° 229, juin 1966, p. 523-546 (sur Maurice Blanchot).

18.9 »Un fantastique de bibliothèque«, Nachwort zu Gustave Flauberts *Die Versuchung des heiligen Antonius*, S. 157 bis 177.
Erstveröffentlichung: »Un fantastique de bibliothèque«, in: *Cahiers de la compagnie Madeleine Renaud – Jean-Louis Barrault*, n° 59, mars 1967 (sur Flaubert).

19. *Von der Subversion des Wissens*, herausgegeben und übersetzt von Walter Seitter, München 1974. Mit folgenden Titeln von Michel Foucault:

19.1 »Gespräch mit Michel Foucault« (mit Paolo Caruso). S. 7 bis 31.
Erstveröffentlichung: »Che cos'è Lei Professore Foucault?« (Gespräch mit Paolo Caruso), in: *La Fierra Litteraria*, anno xlii, n° 39, 28 septembre 1967, p. 11-15. Erneut veröffentlicht in: Paolo Caruso, *Conversazioni con Claude Lévi-Strauss, Michel Foucault, Jacques Lacan*, Milano 1969, p. 91-131.

19.2 »Vorrede zur Überschreitung«, S. 32-53.
Erstveröffentlichung: siehe 18.4.

19.3 »Das Denken des Außen«, S. 54-82.
Erstveröffentlichung: siehe 18.8.

19.4 »Nietzsche, die Genealogie, die Historie«, S. 83-109.
Erstveröffentlichung: »Nietzsche, la génealogie, l'histoire« in: *Hommage à Jean Hyppolite*, Paris 1971, p. 145-172.

19.5 »Jenseits von Gut und Böse« (Gespräch zwischen Michel Foucault und Studenten), S. 110-127.
Erstveröffentlichung: »Par delà le bien et le mal« (entretien avec Alain, Frédéric, Jean-François, Jean-Pierre, Philippe, Serge, recueilli par M. A. Burnier et Ph. Graine), in: *Actuel*, n° 14, novembre 1971, p. 42-47. Repris in: M. A. Burnier, *C'est demain la veille*. Paris 1973, p. 19-43; légèrement modifié.

19.6 »Die Intellektuellen und die Macht« (Gespräch zwischen Michel Foucault und Gilles Deleuze), S. 110-127.
Erstveröffentlichung: »Les intellectuels et le pouvoir« (entretien avec Gilles Deleuze, 4 mars 1972), in: *L'Arc*, n° 49: »Gilles Deleuze«, mars 1972, p. 3-10.

### 1975

20. *Archäologie des Wissens*, übersetzt von Ulrich Köppen. Frankfurt am Main 1975.
Titel der frz. Originalausgabe: *Archéologie du savoir*, Paris 1969.
21. »Einführung«, in: *Der Fall Rivière. Materialien zum Verhältnis von Psychiatrie und Strafjustiz*, herausgegeben von Michel Foucault, übersetzt von Wolf Heinrich Leube, Frankfurt am Main 1975, S. 7-13.
Erstveröffentlichung: »Présentation«, in: *Moi, Pierre Rivière, ayant egorgé ma mère, ma sœur et mon frère ... Un cas de parricide au XIX$^e$ siècle*, Paris 1973, p. 9-15.
22. »Der Mord, den man erzählt«, in: *Der Fall Rivière. Materialien zum Verhältnis von Psychiatrie und Strafjustiz*, herausgegeben von Michel Foucault, übersetzt von Wolf Heinrich Leube, Frankfurt am Main 1975, S. 231-241.
Erstveröffentlichung: »Les meurtres qu'on raconte«, in: *Moi, Pierre Rivière, ayant egorgé ma mère, ma soeur et mon frère ... Un cas de parricide au XIX$^e$ siècle*, Paris 1973, p. 265-275.

23. »Vorwort« zu Serge Livrozet, *Über die Berechtigung, in fremde Taschen zu greifen. Reflexionen eines ehemaligen Diebs*, München 1975.
Erstveröffentlichung: »Préface«, in: Serge Livrozet, *De la prison à la révolte*. Paris 1973, p. 7-14.

### 1976

24. *Überwachen und Strafen. Die Geburt des Gefängnisses*, übersetzt von Walter Seitter, Frankfurt am Main 1976.

Titel der frz. Originalausgabe: *Surveiller et punir. La naissance de la prison*, Paris 1975.

25. »Abriß der am Collège de France unter dem Titel ›Historie der Denksysteme‹ abgehaltenen Lehrveranstaltungen 1970-1974«, in: Angèle Kremer-Marietti, *Michel Foucault – Der Archäologe des Wissens*, Frankfurt am Main, Berlin, Wien 1976, S. 193-233.
Erstveröffentlichung: »La volonté de savoir« (Résumé du cours, année 1970-1971), in: *Annuaire du Collège de France*, 71ᵉ année, p. 245-249; »Théories et institutions pénales« (Résumé du cours 1971-1972), in: *Annuaire du Collège de France*, 72° année, p. 283-286; »La société punitive« (Résumé du cours 1972-1973), in: *Annuaire du Collège de France*, 73° année, p. 255-267; »Le pouvoir psychiatrique« (Résumé du cours, année 1973-1974), in: *Annuaire du Collège de France*, 74° année, p. 293-300.

26. *Mikrophysik der Macht. Über Strafjustiz, Psychiatrie und Medizin*, übersetzt von Hans-Joachim Metzger, Hans-Ulrich Möhring, Ulrich Raulff, Walter Seitter, Gerburg Treusch-Dieter, Berlin 1976. [Spätere Neuauflage mit veränderter Paginierung.] Mit folgenden Titeln von Michel Foucault:

26.1 »Die beiden Toten Pompidous«, S. 19-22 [23-27].
Erstveröffentlichung: »Les deux morts de Pompidou«, in: *Le Nouvel Observateur*, n° 421, 4-10 décembre 1972, p. 56-57 (sur l'exécution le 25 novembre 1972 de Roger Bontems et Claude Buffet).

26.2 »Die Rede von Toul«, S. 23-25 [28-30].
Erstveröffentlichung: »Le discours de Toul«, in: *Le Nouvel Observateur*, n° 372, 27 décembre – 2 janvier 1971, p. 15.

26.3 »Räderwerke des Überwachens und Strafens«, S. 25-40 [31-47]. Erstveröffentlichung: »Entretien sur la prison: le livre et sa méthode« (entretien avec Jean-Jacques Brochier), in: *Magazine Littéraire*, n° 101, juin 1975, p. 27-33.

26.4 »Von den Martern zu den Zellen«, S. 41-45 [48-53].
Erstveröffentlichung: »Des supplices aux cellules« (entretien avec Roger-Pol Droit), in: *Le Monde*, n° 9363, 21 février 1975, p. 16.

26.5 »Über Attica«, S. 46-57 [54-67].
Erstveröffentlichung: »Michel Foucault on Attica: An Interview« (Gespräch mit John K. Simon), in: *Telos*, n° 19, spring 1974, p. 154-161.

26.6 »Verbrechen und Strafen in der Sowjetunion und anderswo« (Gespräch mit K. S. Karol, 5. Januar 1976), S. 58-70 [68-82].
Erstveröffentlichung: »Crimes et châtiments en U.R.S.S. et ailleurs« (entretien avec K. S. Karol, 5 janvier 1976), in: *Le Nouvel Observateur*, n° 585, 26 janvier – 1 février 1976, p. 34-37.

26.7 »Die gesellschaftliche Ausweitung der Norm«, S. 71-75 [83-88].
Erstveröffentlichung: »L'extension sociale de la norme« (entretien avec Pascale Werner, sur Thomas Szasz, *Fabriquer la folie*), in: *Politique Hebdo*, n° 212: Délier la folie, 4-10 mars 1976, p. 14-16.

26.8 »Hexerei und Wahnsinn« (Gespräch mit Roland Jaccard über Thomas Szaz, *Die Fabrikation des Wahnsinns*, Freiburg/Olten 1974), S. 76-79 [89-92].
Erstveröffentlichung: »Sorcellerie et folie« (entretien avec Roland Jaccard sur Thomas Szasz, *Fabriquer la folie*), in: *Le Monde*, n° 9720, 23 avril 1976, p. 18.

26.9 »Medizin und Klassenkampf«, S. 80-87 [93-101].
Erstveröffentlichung: »Médecine et lutte de classes. Michel Foucault et les membres du G.I.S.«, in: *La Nef*, n° 49: »Vers une anti-médecine?«, octobre-décembre 1972, p. 67-69.

26.10 (Zusammen mit A. Landau und J. Y. Petit), »Vorladung im Justizpalast«, S. 88-90 [102-104].
Erstveröffentlichung: »Convoque à la P. J.«, in: *Le Nouvel Observateur*, n° 468, 29 octobre – 4 novembre 1973, p. 53 (sur la convocation à la P. J. du Dr. Alain Landau, Michel Foucault et Jean-Yves Petit à propos de la brochure »Oui, nous avortons«).

26.11 »Macht und Körper« (Gespräch mit der Zeitschrift *Quel Corps?*), S. 91-98 [105-113].
Erstveröffentlichung: »Pouvoir et corps« (entretien, juin 1975), in: *Quel Corps?*, n° 2, sept.-oct. 1975, p. 3-5.

26.12 »Die Macht und die Norm«, S. 99-107 [114-123].
　　　 Erstveröffentlichung: »Le pouvoir et la norme« (extrait du cours du Collège de France, année 1972-1973: *La société punitive*, 28 mars 1973), Paris 1973, 8 p.
26.13 »Die fröhliche Wissenschaft des Judo« (Gespräch mit Jean-Louis Ezine), S. 108-113 [124-130].
　　　 Erstveröffentlichung: »Sur la sellette« (entretien avec Jean-Louis Ezine), in: *Les Nouvelles Littéraires*, n° 2477, 17-23 mars 1975, p. 3.
26.14 »Statt eines Schlußwortes«, S. 114-117 [131-134].
　　　 Erstveröffentlichung: »En guise de conclusion«, in: *Le Nouvel Observateur*, n° 435, 13-19 mars 1973, p. 92 (sur Dr. David L. Rosenhan, »Je me suis fait passer pour fou«, in: *Le Nouvel Observateur*, n° 435, 13-19 mars 1973, p. 72-92).
27.　 *Sexualität und Wahrheit I. Der Wille zum Wissen*, übersetzt von Ulrich Raulff und Walter Seitter, Frankfurt am Main 1977 (mit einem Vorwort zur deutschen Übersetzung, S. 7-8).
　　　 Titel der frz. Originalausgabe: *Histoire de la sexualité I. La volonté de savoir*. Paris 1976.

### 1977

28.　 *Der Faden ist gerissen*, übersetzt von Walter Seitter und Ulrich Raulff. Berlin 1977. Mit folgenden Titeln von Michel Foucault:
28.1　 »Der Ariadnefaden ist gerissen«, S. 7-12.
　　　 Erstveröffentlichung: »Ariane s'est pendue«, in: *Le Nouvel Observateur*, n° 229, 31 mars – 6 avril 1969, p. 36-37 (sur Gilles Deleuze, *Différence et répétition*).
28.2　 »Theatrum philosophicum«, S. 21-58.
　　　 Erstveröffentlichung: »Theatrum philosophicum«, in: *Critique*, n° 282, novembre 1970, p. 885-908 (sur Gilles Deleuze, *Différence et répétition* et *Logique du sens*).
28.3　 »Die Intellektuellen und die Macht« (Gespräch zwischen Michel Foucault und Gilles Deleuze), S. 86-99.
　　　 Erstveröffentlichung: siehe 19.6.

29. »Die Folter, das ist die Vernunft« (Gespräch Knut Boesers mit Michel Foucault), in: *Literaturmagazin*, Nr. 8: »Die Sprache des großen Bruders. Gibt es ein ost-westliches Kartell der Unterdrückung?«, herausgegeben von Nicolas Born und Jürgen Manthey, Reinbek bei Hamburg, Dezember 1977, S. 60-68.
30. »Wir fühlten uns als schmutzige Spezies«, in: *Der Spiegel*, Hamburg, 31. Dezember 1977, S. 77-78.

1978

31. *Dispositive der Macht. Über Sexualität, Wissen und Wahrheit*, übersetzt von Hans-Joachim Metzger, Monika Metzger, Elke Wehr, Ulrich Raulff und Walter Seitter, Berlin 1978. Mit folgenden Titeln von Michel Foucault:
31.1 »Wahrheit und Macht (Gespräch mit Alessandro Fontana und Pasquale Pasquino), S. 21-54.
Erstveröffentlichung: »Intervista a Michel Foucault« (di Alessandro Fontana e Pasquale Pasquino), in: *Microphysica del Potere: Interventi politici*, Torino 1977, p. 3-28.
31.2 »Historisches Wissen der Kämpfe und Macht« (Vorlesung am Collège de France vom 7. 1. 1976), S. 55-74.
Erstveröffentlichung: »Corso del 7 gennaio 1976« (Mitschrift von Alessandro Fontana und Pasquale Pasquino der ersten Vorlesung am Collège de France im Studienjahr 1975-1976: »Il faut défendre la société«), in: *Microphysica del Potere: Interventi politici*, Torino 1977, p. 163-177.
31.3 »Recht der Souveränität – Mechanismus der Disziplin« (Vorlesung am Collège de France vom 14. 1. 1976), S. 75 bis 95.
Erstveröffentlichung: »Corso del 14 gennaio 1976« (Mitschrift von Alessandro Fontana und Pasquale Pasquino der zweiten Vorlesung am Collège de France im Studienjahr 1975-1976), in: *Microphysica del Potere: Interventi politici*, Torino 1977, p. 179-194.
31.4 »Das Abendland und die Wahrheit des Sexes«, S. 96-103.
Erstveröffentlichung: »L'Occident et la vérité du sexe«, in: *Le Monde*, n° 9869, 17-18 octobre 1976, p. 24.

31.5 »Die Machtverhältnisse durchziehen das Körperinnere« (Gespräch mit Lucette Finas), S. 104-117.
Erstveröffentlichung: »Les rapports de pouvoir passent à l'intérieur des corps« (entretien avec Lucette Finas sur *La volonté de savoir*), in: *La Quinzaine Littéraire*, n° 247, janvier 1977, p. 4-6.

31.6 »Ein Spiel um die Psychoanalyse« (Gespräch mit Angehörigen des Département de Psychnalyse der Universität Paris VIII in Vincennes), S. 118-175.
Erstveröffentlichung: »Le jeu de Michel Foucault« (entretien avec Dominique Colas, Alain Grosrichard, Guy Le Gaufey, Jocelyne Livi, Gérard Miller, Jacques-Alain Miller, Judith Miller, Catherine Millot, Gérard Wajeman), in: *Ornicar?, Bulletin périodoque de champ freudien*, n° 10, juillet 1977, p. 62-93.

31.7 »Nein zum König Sex« (Gespräch mit Bernard-Henri Lévy), S. 176-198.
Erstveröffentlichung: »Non au sexe roi« (entretien avec Bernard-Henri Lévy), in: *Le Nouvel Observateur*, n° 644, 12-21 mars 1977, p. 92-130.

31.8 »Mächte und Strategien« (Antwort auf Fragen von *Les révoltes logiques*), S. 199-216.
Erstveröffentlichung: »Pouvoirs et stratégies« (entretien avec Jacques Rancière), in *Les Révoltes Logiques*, n° 4, hiver 1977, p. 89-97.

31.9 »Die große Wut über die Tatsachen« (über *Die Meisterdenker* von André Glucksmann), S. 217-224.
Erstveröffentlichung: »La grande colère des faits«, in: *Le Nouvel Observateur*, n° 652, 9-15 mai 1977, p. 84-86 (sur André Glucksmann, *Les Maîtres Penseurs*).

31.10 »Der ›Anti-Ödipus‹ – Eine Einführung in eine neue Lebenskunst«, S. 225-230.
Erstveröffentlichung: »Preface«, in: Gilles Deleuze and Félix Guattari, *Anti-Oedipus: Capitalism and Schizophrenia*, New York 1977, p. xi-xiv.

32. »Ein gewaltiges Erstaunen«, in: *Der Spiegel*, Hamburg, 30. Oktober 1978, S. 264 (Gespräch über die Ausstellung Paris–Berlin im Centre Georges Pompidou).

## 1979

33. »Einsperrung, Psychiatrie, Gefängnis« (Gespräch zwischen Jean Pierre Faye, Michel Foucault, David Cooper, Marine Zecca und Marie-Odile Faye), in: David Cooper, Michel Foucault, Marquis de Sade u. a., *Der eingekreiste Wahnsinn*, übersetzt von Elke Wehr, Frankfurt am Main 1979, S. 59-90.
Erstveröffentlichung: »Enfermement, Psychiatrie, Prison. Dialogue avec Michel Foucault et David Cooper« (entretien avec David Cooper, Jean Pierre Faye, Marie-Odile Faye, Marine Zecca), in: *Change*, n° 22-23, octobre 1977: »La folie encerclée«, p. 76-110.

## 1980

34. »Macht-Wissen«, übersetzt von Claudia Honegger, in: Franco Basaglia u. a. (Hg.), *Befriedungsverbrechen. Über die Dienstbarkeit von Intellektuellen*, Frankfurt am Main 1980, S. 63-80.
Erstveröffentlichung: »La casa della folia«, in: Franco Basaglia e Franca Basaglia-Ongardo (ed.), *Crimini di Pace*, Torino 1975, S. 151-169.

## 1982

35. *Der Staub und die Wolke*, übersetzt von Andreas Pribersky, Bremen 1982. Mit folgenden Titeln von Foucault:
35.1 »Vorlesungen zur Analyse der Macht-Mechanismen 1978 – Das Denken des Staates«, S. 1-44.
35.2 »Der Staub und die Wolke«, S. 45-54.
Erstveröffentlichung: »La poussière et le nuage« (réponse à un article de Jacques Léonard, »L'historien et le philosophe. A propos de *Surveiller et punir. Naissance de la prison*«, in: *Annales historiques de la Révolution française*, 1977, n° 2), in: *L'impossible prison. Recherches sur le système pénitentiaire au XIX$^e$ siècle* réunis par Michelle Perrot, Paris 1980, p. 29-39.

35.3 »Der sogenannte Linksintellektuelle« (Gespräch mit Alessandro Fontana), S. 55-68.
Erstveröffentlichung: siehe 31.1.
36. »Das Leben der infamen Menschen«, in *Tumult. Zeitschrift für Verkehrswissenschaft*, Nr. 4, 1982: »Schule der Eliten«, S. 41-57.
Erstveröffentlichung: »La vie des hommes infâmes«, in: *Les Cahiers du chemin*, n° 29, 15 janvier 1977, p. 12-29.

### 1983

37. »7 Worte über den 7. Engel«, übersetzt von Jean-Pierre Brisset und Walter Seitter, in: *Tumult. Zeitschrift für Verkehrswissenschaft*, Nr. 6, 1983: »Engel«, S. 106-116.
Erstveröffentlichung: »Sept propos sur le septième ange«. Preface à J. P. Brisset, *La grammaire logique*, Paris 1970, p. vii-xix (repris Montpellier 1986).
38. »Um welchen Preis sagt die Vernunft die Wahrheit?« (Gespräch zwischen Michel Foucault und Gérard Raulet, Mai 1982), übersetzt von Khosrow Nosration, in: *Spuren*, Nr. 1, 1983, S. 22-26, und Nr. 2, 1983, S. 38-40.
Erstveröffentlichung: »Structuralism and Post-Structuralism« (Interview with Gérard Raulet, May 1982), in: *Telos*, Vol. 16, n° 55, Spring 1983, p. 195-211.
39. »Pierre Boulez oder die aufgerissene Wand«, übersetzt von Peter Geble, in: *Dry. Ein Magazin*, Berlin 1983, S. 62-65.
Erstveröffentlichung: »Pierre Boulez ou l'écran traversé«, in: *Le Nouvel Observateur*, n° 943, 2-8 octobre 1982, p. 95 bis 96.

### 1984

40. *Sexualität und Wahrheit II. Der Gebrauch der Lüste*, übersetzt von Ulrich Raulff und Walter Seitter, Frankfurt am Main 1984.
Titel der frz. Originalausgabe: *Histoire de la sexualité II. L'usage des plaisirs*, Paris 1984.
41. *Sexualität und Wahrheit III. Die Sorge um sich*, übersetzt

von Ulrich Raulff und Walter Seitter, Frankfurt am Main 1984.
Titel der frz. Originalausgabe: *Histoire de la sexualité III. Le souci de soi*, Paris 1984.

42. *Von der Freundschaft. Michel Foucault im Gespräch*, übersetzt von Peter Gente, Marianne Karbe, Walter Seitter, Berlin 1984. Mit folgenden Titeln von Michel Foucault:

42.1 »Der maskierte Philosoph« (Gespräch mit Christian Delacampagne), S. 9-24.
Erstveröffentlichung: »Le philosophe masqué« (entretien avec Christian Delacampagne, février 1980), in: *Le Monde*, n° 10945, 6 avril 1980: *Le Monde Dimanche*, p. i et xvii.

42.2 »Sexualität und Einsamkeit (Seminar mit Richard Sennett), S. 25-54.
Erstveröffentlichung: »Sexuality and Solitude«, in: *London Review of Books*, Vol. III, n° 9, May 21 – June 3, 1981, p. 3 and 5-6 (Text of Foucault's James Lecture, delivered Nov. 20, 1980 at the New York Institute for the Humanities. Later published in: *Humanities in Review* I, ed. by David Rieff, New York 1982, p. 3-21).

42.3 »Ein ganz harmloses Vergnügen«, S. 55-60.
Erstveröffentlichung: »Un plaisir si simple«, in: *Le Gai-Pied*, n° 1, 1 avril 1979, p. 1 et 10.

42.4 »Sade, ein Sergeant des Sex« (Gespräch mit Gérard Dupont), S. 61-68.
Erstveröffentlichung: »Sade sergeant du sexe« (entretien avec Gérard Dupont), in: *Cinématographe*, n° 16, décembre 1975 – janvier 1976, p. 3-5.

42.5 »Sex als Moral« (Ein Gespräch mit Hubert Dreyfus und Paul Rabinow, Berkeley, April 1983), S. 69-84.
Erstveröffentlichung: »On the Genealogy of Ethics«, in: Hubert L. Dreyfus and Paul Rabinow, *Michel Foucault. Beyond Structuralism and Hermeneutics*, Chicago 1983, p. 229-252.

42.6 »Von der Freundschaft als Lebensweise« (Gespräch mit René de Cecatty, Jean Danet und Jean Le Bitoux – *Gai-Pied*), S. 85-94.
Erstveröffentlichung: »De l'amitié comme mode de vie«

(entretien avec René de Cecatty, Jean Danet, Jean Le Bitoux, mars 1981), in: *Le Gai-Pied*, n° 25, mars-avril 1981, p. 38-39.

42.7 »Geschichte und Homosexualität« (Gespräch mit J. P. Joecker, M. Querd et A. Sanzio über das Buch von K. J. Dover, *Homosexualité greque*, Grenoble 1982).
Erstveröffentlichung: »Histoire et homosexualité«, in: *Masques*, n° 13, printemps 1982, p. 15-24.

42.8 »Zärtlichkeit unter Männern als Kunst betrachtet«, S. 111 bis 116.
Erstveröffentlichung: »Des caresses d'homme considereés comme un art«, in: *Libération*, n° 323, 1 juin 1982, p. 27 (sur K. J. Dover, *Homosexualité grecque*, Grenoble 1982).

42.9 »Ariès oder die Sorge um die Wahrheit«, S. 117-122.
Erstveröffentlichung: »Le souci de la vérité«, in: *Le Nouvel Observateur*, N° 1006, 17-23 février 1984, p. 74-75 (sur Philippe Ariès).

42.10 »Für eine Moral des Unbequemen« (über Jean Daniel, *L'ère des ruptures*, Paris 1979), S. 123-131.
Erstveröffentlichung: »Pour une morale de l'inconfort«, in: *Le Nouvel Observateur*, n° 754, 23-29 avril 1979, p. 82-83 (sur Jean Daniel, *L'ère des ruptures*, Paris 1979).

42.11 »Eine Ästhetik der Existenz« (Gespräch mit Alessandro Fontana), S. 133-142.
Erstveröffentlichung: »Une esthétique de l'existence« (entretien avec Alessandro Fontana, 25 avril 1984), in: *Le Monde aujourd'hui*, 15-16 juillet 1984, p. xi.

43. »Was ist Aufklärung? Was ist Revolution?«, übersetzt von Thierry Chervel, in: *die tageszeitung*, 2. Juli 1984, S. 10-11.
Erstveröffentlichung: »Qu'est-ce que les Lumières?« (extrait du cours du Collège de France: »Le gouvernement de soi et des autres«, année 1982-1983. Cours du 5 janvier 1983), in: *Magazine Littéraire*, n° 207, mai 1984, p. 35-39.

44. »Der Kampf um die Keuschheit«, übersetzt von Michael Bischoff, in: Philippe Ariès und André Béjin (Hg.), *Die Masken des Begehrens und die Metamorphosen der Sinnlichkeit*, Frankfurt am Main 1984, S. 25-39.
Erstveröffentlichung: »Le combat de la chasteté«, in: *Com-*

*munications* 35, »Sexualité Occidentales«, mai 1982, p.15-25.

45. »Eine neue Erklärung der Menschenrechte« (Genf, Juni 1981, Internationales Komitee gegen Piraterie), in: *Pflasterstrand*, Frankfurt am Main, Nr. 188, 1984, S. 64.
Erstveröffentlichung: »Face aux gouvernements, les droits de l'Homme«, in: *Libération*, n° 967, 30 juin – 1 juillet 1984, p. 22.

46. »Die Bilderwelt des 19. Jahrhunderts. Boulez und Chéreaus Bayreuther Ringinszenierung«, in: *Ästhetik und Kommunikation*, Heft 56: »Deutsche Mythen«, November 1984, S. 127-129.
Erstveröffentlichung: »Nineteenth Century Imaginations«, in: *Semiotext*, iv$^e$ année, n° 2, 1982, p. 182-190.

1985

47. »Geschichte der Sexualität« (Gespräch mit François Ewald), übersetzt von Frank Berberich, *in: Ästhetik und Kommunikation*, Heft 57/58: »Intimität«, 1985, S. 156-164.
Erstveröffentlichung: »Le souci de la vérité« (entretien avec François Ewald), in: *Magazine Littéraire*, n° 207, mai 1984, p. 18-23.

48. Helmut Becker u. a. (Hg.), *Michel Foucault. Freiheit und Selbstsorge*, übersetzt von Helmut Becker und Lothar Wolfstetter, Frankfurt am Main 1985. Mit folgenden Titeln von Michel Foucault:

48.1 »Freiheit und Selbstsorge« (Gespräch mit Helmut Becker, Raul Fornet-Betancourt, Alfredo Gomez-Müller, 20. Januar 1984), S. 7-28.
Erstveröffentlichung: »L'éthique du souci de soi comme pratique de la liberté« (entretien avec Helmut Becker, Fornet-Betancourt, Alfredo Gomez-Müller, 20 janvier 1984), in: *Concordia. Revista Internacional de Filosofia*, n° 6, 1985, p. 99-116.

48.2 »Hermeneutik des Subjekts« (Vorlesung am Collège de France, 1982 , Nachschrift von Helmut Becker), S. 32-60.

49. »Der Philosoph mit der Maske« (Gespräch mit Christian

Delacampagne), übersetzt von Birgit Wagner, in: Peter Engelmann (Hg.), *Philosophien. Gespräche mit Foucault, Axelos, Derrida, Descombes, Glucksmann, Lévinas, Lyotard, Rancière, Ricœur, Serres*, Wien 1985, S. 27-40.
Erstveröffentlichung: siehe 42.1.

### 1986

50. *Vom Licht des Krieges zur Geburt der Geschichte.* Vorlesungen vom 21. und 28. 1. 1976 am Collège de France in Paris, herausgegeben von Walter Seitter, Berlin 1986.
51. »Warum ich die Macht untersuche: Die Frage des Subjekts«, übersetzt von Claus-Dieter Rath, in: *Freibeuter*, Nr. 28, 1986, S. 103-110. (Erneut veröffentlicht unter dem Titel: »Das Subjekt und die Macht«, in: Hubert L. Dreyfus und Paul Rabinow, *Michel Foucault. Jenseits von Strukturalismus und Hermeneutik*, übersetzt von Claus-Dieter Rath und Ulrich Raulff, Frankfurt am Main 1987, S. 243 bis 261.)
Erstveröffentlichung: »Why study Power: The Question of the Subject«, in: Hubert L. Dreyfus and Paul Rabinow, *Michel Foucault. Beyond Structuralism and Hermeneutics*, Chicago 1982, p. 208-216.

### 1987

52. »Genealogie der Ethik: Ein Überblick über laufende Arbeiten« (Gespräch mit Hubert L. Dreyfus und Paul Rabinow, Berkeley, April 1983), in: Hubert L. Dreyfus und Paul Rabinow, *Michel Foucault. Jenseits von Strukturalismus und Hermeneutik*, übersetzt von Claus-Dieter Rath und Ulrich Raulff, Frankfurt am Main 1987, S. 265-292.
Erstveröffentlichung: »On the Genealogy of Ethics: An Overview of Work in Progress«, in: Hubert L. Dreyfus and Paul Rabinow, *Michel Foucault. Beyond Structuralism and Hermeneutics*, 2nd edition, Chicago 1983, p. 229-252.

## 1988

53. »Das Leben: die Erfahrung und die Wissenschaft«, übersetzt von Walter Seitter, in: Marcelo Marques (Hg.), *Der Tod des Menschen im Denken des Lebens*, Tübingen 1988, S. 52 bis 72.
Erstveröffentlichung: »Introduction« in: Georges Canguilhem, *On the Normal and the Pathological* (Studies in the History of Modern Science, Vol. 3), Boston 1978, p. ix-xx.
54. »Für eine Kritik der politischen Vernunft«, übersetzt von Claus-Dieter Rath, in: *Lettre International*, Nr. 1, Sommer 1988, S. 58-66.
Erstveröffentlichung: »Omnes et singulatim: Towards a Criticism of ›Political Reason‹« (Lectures delivered at Stanford University on October 10 and 16, 1979), in: Sterling Mc Murrin (ed.), *The Tanner Lectures on Human Values II* (1981), Salt Lake City 1981, p. 225-254.
55. »Zeitgenössische Musik und Publikum« (Gespräch zwischen Michel Foucault und Pierre Boulez), übersetzt von Ulrike Gropp, in: *Spuren*. Sonderheft Michel Foucault. Materialien zum Hamburger Kolloquium 2.-4. Dezember 1988, S. 61-65.
Erstveröffentlichung: »La musique contemporaine et le public« (entretien avec Pierre Boulez), in: *C.N.A.C. Magazine*, n° 15, mai-juin 1983, p. 10-12.

## 1989

56. »König Ödipus: Der Mann, der zuviel wußte«, übersetzt von Horst Brühmann, in: *Lettre International*, Nr. 5, II. Vj. 1989, S. 68-72 (Vortrag, gehalten am 21. Mai 1973 an der Katholischen Universität von Rio de Janeiro).
57. »Das Wahrsprechen des Anderen« (Zwei Vorlesungen von 1983/1984), übersetzt von Ulrike Reuter und Lothar Wolfstetter, in: Ulrike Reuter u. a. (Hg.), *Michel Foucault. Das Wahrsprechen des Anderen*, Frankfurt am Main 1989, S. 15 bis 42.
58. »Michel Foucault oder die Sorge um die Wahrheit«, übersetzt von Walter Seitter, in François Ewald, *Pariser Gespräche* (mit

Foucault, Deleuze, Dumézil, Braudel, Duby, Veyne, Furet, Chartier), Berlin 1989, S. 15-32.
Erstveröffentlichung: siehe 47.
59. (Zusammen mit Arlette Farge), *Familiäre Konflikte. Die »Lettres de cachet«*, übersetzt von Albert Gier und Christine Paschold, Frankfurt am Main 1989.
Titel der frz. Originalausgabe: *Le desordre des familles. Lettres de cachet des Archives de la Bastille*, Paris 1982.
60. *Raymond Roussel*, übersetzt von Renate Hörisch-Helligrath, Frankfurt am Main 1989.
Titel der frz. Originalausgabe: *Raymond Roussel*. Paris 1963.

1990

61. »Gespräch zwischen Yoshimoto Takaaki und Michel Foucault in Tokyo 1978«, übersetzt von Reinhold Ophüls, in: *kulturRRevolution*, Nr. 22, Januar 1990, S. 8-17.
62. »Andere Räume«, übersetzt von Walter Seitter, in: *Zeitmitschrift*, Nr. 1, 1990, S. 4-15.
Erstveröffentlichung: »Des espaces autres« (conférence au Cercle d'Etudes architecturales, 14 mars 1967). In: *Architecture, Mouvement, Continuité*, n° 5, octobre 1984, p. 46-49.
63. »Archäologie einer Leidenschaft« (Gespräch mit Michel Foucault), übersetzt von Wilhelm Miklenitsch, in: *Zeitmitschrift*, Nr. 1, 1990, S. 90-100.
Erstveröffentlichung: »Archéologie d'une passion« (entretien aves Charles Ruas, 15 septembre 1983), in: *Magazine littéraire*, n° 122, juillet-août 1985, p. 100-105.
64. »Was ist Aufklärung?«, übersetzt von Eva Erdmann und Rainer Forst, in: Eva Erdmann u. a. (Hg.), *Ethos der Moderne. Foucaults Kritik der Aufklärung*. Frankfurt am Main 1990, S. 35-54.
Erstveröffentlichung: »What is Enlightenment?«, in: Paul Rabinow (ed.), *The Foucault Reader*, New York 1984, p. 32-50.
65. »Die Rückkehr der Moral. Ein Interview mit Michel Foucault« (Gespräch mit Gilles Barbedette und André Scala am 29. Mai 1984), übersetzt von Eva Erdmann, in: Eva Erdmann

u. a. (Hg.), *Ethos der Moderne. Foucaults Kritik der Aufklärung*, Frankfurt am Main 1990, S. 133-145.
Erstveröffentlichung: »Le retour de la morale« (entretien avec Gilles Barbedette und André Scala, 29 mai 1984), in: *Les Nouvelles Littéraires*, n° 2937, 28 juin – 5 juillet, p. 36-41.

66. »Funktionen der Literatur. Ein Interview mit Michel Foucault« (Gespräch mit Roger Pol-Droit am 20. Juni 1975), übersetzt von Eva Erdmann, in: Eva Erdmann u. a. (Hg.), *Ethos der Moderne. Foucaults Kritik der Aufklärung*. Frankfurt am Main 1990, S. 229-234.
Erstveröffentlichung: »Foucault, passe-frontières de la philosophie« (entretien aves Roger Pol-Droit, 20 juin 1975), in: *Le Monde*, 6 septembre 1986, p. 12.

67. »Eine Ethik der Lüste an der Grenze zum Tod« (Interview mit Stephen Riggins, Toronto, 22. Juni 1982), übersetzt von Christoph Konrad (leicht gekürzt), in: *Kontext*, Nr. 11, September 1990, S. 59-67.
Erstveröffentlichung: »An Interview by Stephen Riggins« (Toronto, June 22nd 1982), in: *Ethos*, Vol. I, Nr. 2, Fall 1983, p. 4-9.

1992

68. »Leben machen und sterben lassen: Die Geburt des Rassismus« (Auszug aus der Vorlesung vom 17. März 1976 am Collège de France), übersetzt von Hermann Kocyba, in: *Diskus*, 41. Jg., Nr. 1, Februar 1992, S. 51-58. (In leicht modifizierter Übersetzung erneut veröffentlicht in: Sebastian Reinfeldt und Richard Schwartz, *Michel Foucaults Bio-Macht. Biopolitische Konzepte der Neuen Rechten*, Duisburg 1992, S. 27-50.)
Erstveröffentlichung: »Faire vivre et laisser mourir: La naissance du racisme«, in: *Les Temps Modernes*, n° 535, Februar 1991.

69. *Was ist Kritik?*, übersetzt von Walter Seitter, Berlin 1992. (Vortrag vor der Société française de philosophie am 27. Mai 1978, transkribiert von Monique Emery.)
Erstveröffentlichung: »Qu'est-ce que la critique?«, in: *Bulle-*

*tin de la Société française de philosophie*, tome lxxxiv, Paris, avril-juin 1990.
70. »Einleitung«, in: Ludwig Binswanger, *Traum und Existenz*, übersetzt und mit einem Nachwort versehen von Walter Seitter, Bern, Berlin 1992, S. 7-93.
Erstveröffentlichung: »Introduction«, in: Ludwig Binswanger, *Le rêve et l'existence*. Traduit de l'allemand par Jacqueline Verdeaux. Introduction et note par Michel Foucault, Paris 1954, p. 9-128.

1993

71. »Wahrheit, Macht, Selbst. Ein Gespräch zwischen Rux Martin und Michel Foucault (25. Oktober 1982), in: Luther H. Martin u. a. (Hg.), *Technologien des Selbst*, übersetzt von Michael Bischoff, Frankfurt am Main 1993, S. 15-23.
Erstveröffentlichung: »Truth, Power, Self: An Interview with Michel Foucault« by Rux Martin, in: Luther H. Martin u. a. (ed.), *Technologies of the Self. A Seminar with Michel Foucault*, Amherst 1988, p. 9-15.
72. »Technologien des Selbst«, in: Luther H. Martin u. a. (Hg.), *Technologien des Selbst*, übersetzt von Michael Bischoff, Frankfurt am Main 1993, S. 24-62.
Erstveröffentlichung: »Technologies of the Self«, in: Luther H. Martin et al. (ed.), *Technologies of the Self. A Seminar with Michel Foucault*, Amherst 1988, p. 16-49.
73. »Die politische Technologie der Individuen«. In: Luther H. Martin u. a. (Hg.), *Technologien des Selbst*, übersetzt von Michael Bischoff, Frankfurt am Main 1993, S. 168-187.
Erstveröffentlichung: »The Political Technology of Individuals«, in: Luther H. Martin et al. (ed.), *Technologies of the Self. A Seminar with Michel Foucault*, Amherst 1988, p. 145-162.
74. »Nachwort«, in: Luther H. Martin (Hg.), *Technologien des Selbst*, übersetzt von Michael Bischoff, Frankfurt am Main 1993, S. 188-189.
Erstveröffentlichung: »Afterword«, in: Luther H. Martin et al. (ed.), *Technologies of the Self. A Seminar with Michel Foucault*, Amherst 1988, p. 163-164.

## 1994

75. »Autobiographie« (Lexikonartikel; zusammen mit François Ewald unter dem Pseudonym Maurice Florence), übersetzt von Thomas Lemke, in: *Deutsche Zeitschrift für Philosophie*, Nr. 4, 1994, S. 699-702.
Erstveröffentlichung: »Foucault«, in: D. Huisman (Hg.), *Dictionnaire des philosophes*, Paris 1984.
76. »Politik und Ethik« (Gespräch mit Martin Jay, Leo Löwenthal, Paul Rabinow, Richard Rorty und Charles Taylor), übersetzt von Thomas Lemke, in: *Deutsche Zeitschrift für Philosophie*, Nr. 4, 1994, S. 703-708.
Erstveröffentlichung: »Politics and Ethics«, in: Paul Rabinow, *The Foucault Reader*, New York 1984.

## 1995

77. »Die Maschen der Macht«, übersetzt von Barbara Schärer, in: *Freibeuter*, Nr. 63, März 1995, S. 22-42.
Erstveröffentlichung: »As malhas do poder«, in: *Barbarie*, Nr. 4, Sommer 1981, und Nr. 5, Sommer 1982.

## 1996

78. *Diskurs und Wahrheit. Die Problematisierung der Parrhesia* (sechs Vorlesungen, gehalten im Herbst 1983 an der Universität von Berkeley/Kalifornien), herausgegeben von Joseph Pearson, übersetzt von Mira Köller, Berlin 1996.
79. *Die Hoffräulein*, übersetzt von Ulrich Köppen, Frankfurt am Main 1996 (erstes Kapitel von *Die Ordnung der Dinge*, siehe 7.)
Erstveröffentlichung: siehe 7 (premier chapitre).
80. »Gespräch mit Ducio Trombadori«, übersetzt von Horst Brühmann, in: Michel Foucault, *Der Mensch ist ein Erfahrungstier*, Frankfurt am Main 1996, S. 23-122.
Erstveröffentlichung: »Conversazione con Michel Foucault«, in: *Il Contributo* 4, n° 1, gennaio-marzo 1980, p. 23-84.